チョコ

おいしくたべる

こどものための実用シリーズ

監修《かんしゅう》
松本《まつもと》仲子《なかこ》

画《え》
加藤《かとう》休ミ《やすみ》
得地《とくち》直美《なおみ》

朝日新聞出版

子《こ》どものうちから「おいしくたべる」ことについて考《かんが》えるための本《ほん》

子《こ》どもだからっていう理由《りゆう》だけで、
「残《のこ》しちゃいけない」、「○○をたべなきゃいけない」と
たべかたを押《お》しつけられていないだろうか？
子《こ》どもだって（もちろん大人《おとな》も）、毎日《まいにち》の食事《しょくじ》を
たのしい気持《きも》ちでたべたい。

どうやったら、たのしくたべられるのだろう？
そのための手《て》がかりが、この本《ほん》にはいっぱいある。
たべものの材料《ざいりょう》を知《し》る、自分《じぶん》でかんたんな料理《りょうり》をつくってみる、
たべものの味《あじ》についてくわしくなる、心《こころ》とたべものの関係《かんけい》を考《かんが》える。
いろいろな角度《かくど》から、たべものの豊《ゆた》かな世界《せかい》にふれてほしい。

気《き》になるページから、さっそく開《ひら》いてみよう！

もくじ

この本《ほん》で使《つか》っている 料理《りょうり》の計量《けいりょう》

1カップ（**計量《けいりょう》カップ**）
＝200ミリリットル

大《おお》さじ1
＝15ミリリットル

小《こ》さじ1
＝5ミリリットル

この本《ほん》で料理《りょうり》をつくるときは

使《つか》う道具《どうぐ》と材料《ざいりょう》は、さいしょにぜんぶ出《だ》してからつくりはじめるとラク。

つくる前《まえ》に、必《かなら》ず石《せっ》けんで手《て》をよく洗《あら》おう。

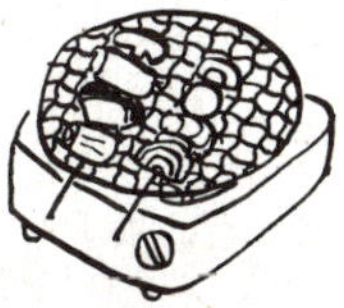

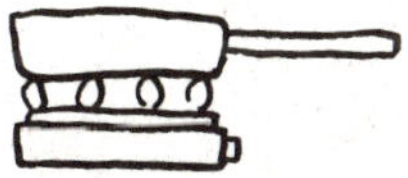

ガスコンロ（またはIH《アイエイチ》ヒーター）の火《ひ》をじょうずにつけられるかな？　使《つか》いかたになれていないうちは、大人《おとな》に見《み》てもらおう。火《ひ》を使《つか》っているときは、けっしてそばをはなれないこと。

ほうちょうで切《き》っているときは、よそみをしないこと。

やけどにちゅうい。あついコンロやなべに手《て》をふれないこと。

なぜ「たべる」の？

きみはくいしんぼう？
たべることは好《す》き？　きらい？
ひょっとして、おこられたくないから、
いつもしかたなくたべている？
もしゆるされるなら、
ずっと甘《あま》いものだけたべていたい？

人《ひと》は1日《にち》になんども「たべる」。
今日《きょう》も明日《あした》も、この先《さき》もずっと。
毎日《まいにち》することはたくさんあるけれど
たべることは、そのなかでもかならず
みんながすることのひとつだね。

人《ひと》はなぜ、そんなに「もの」をたべるんだろう。
ふしぎに思《おも》ったことはないかな？
もちろん「生《い》きる」ためでもあるけど、こたえはそれだけではなさそうだ。
この本《ほん》を読《よ》みすすめながら、そのなぞをといていこう。

たべるとからだがよろこぶ

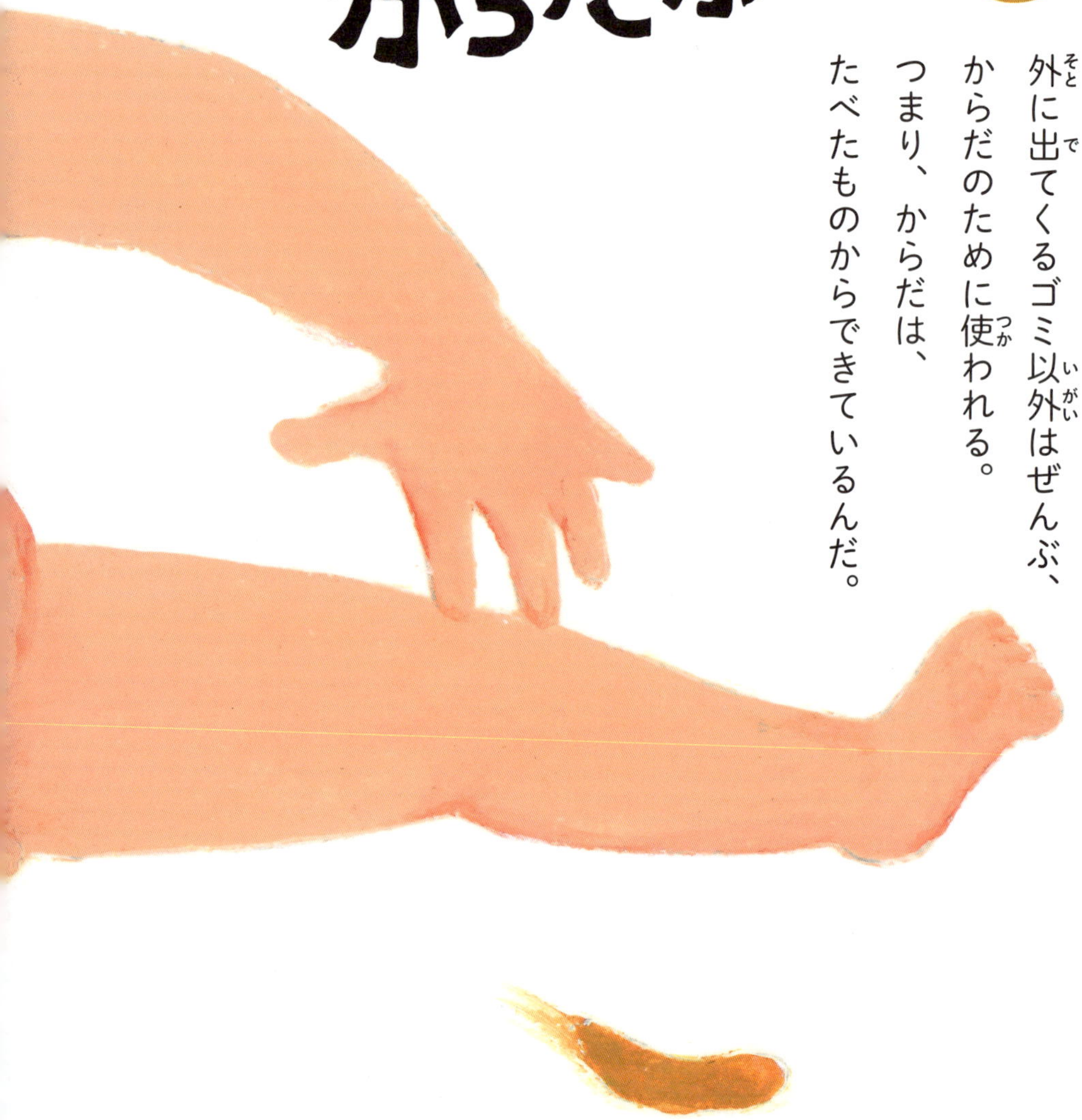

口《くち》から入《はい》ったたべものは、どこへいくのだろう？
からだは、たべたごはんやおやつを、こまかくくだいて、
生《い》きるための燃料《ねんりょう》や、からだを大《おお》きくするための力《ちから》に変《か》える。
12時間《じかん》ほどたって、うんちやおしっこのゴミが
からだの外《そと》に出《で》てきたら、任務《にんむ》完了《かんりょう》。
外《そと》に出《で》てくるゴミ以外《いがい》はぜんぶ、
からだのために使《つか》われる。
つまり、からだは、
たべたものからできているんだ。

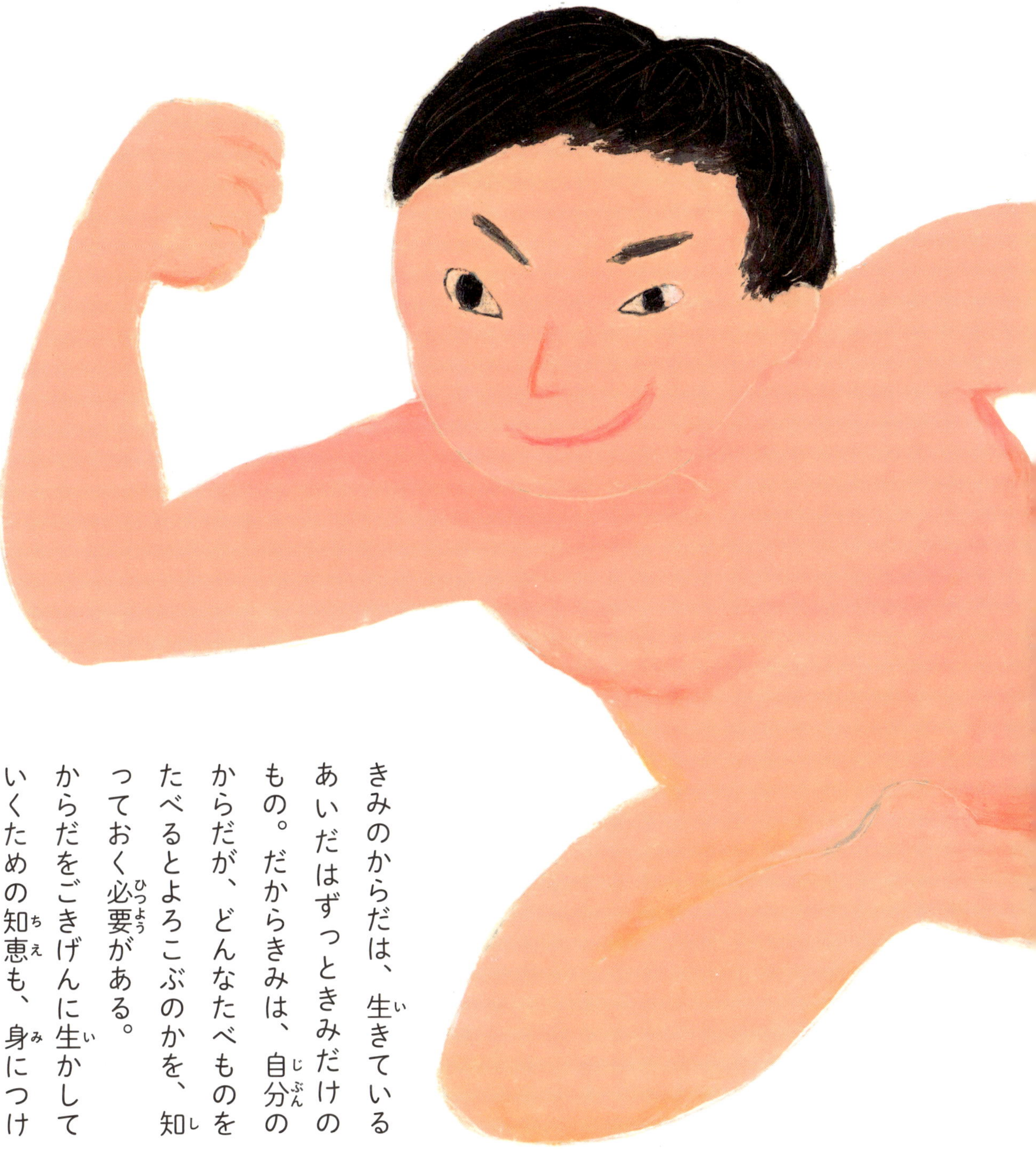

きみのからだは、生《い》きているあいだはずっときみだけのもの。だからきみは、自分《じぶん》のからだが、どんなたべものをたべるとよろこぶのかを、知《し》っておく必要《ひつよう》がある。からだをごきげんに生《い》かしていくための知恵《ちえ》も、身《み》につけていこう。

たべているのは「いのち」のとちゅう

人《ひと》のからだは、たべものからできている。じゃあ、そのたべものは、なにからできているんだろう？　朝《あさ》ごはんのめだま焼《や》きには、にわとりが生《う》んだ卵《たまご》が必要《ひつよう》。みんなの好《す》きなからあげにも、にわとりの肉《にく》が使《つか》われる。

でも、そのにわとりにも一生《いっしょう》があるって、考《かんが》えたことはあるかな？　卵《たまご》からひよこが生《う》まれ、大《おお》きく育《そだ》って、また卵《たまご》を生《う》んで、としをとって、寿命《じゅみょう》がきたら死《し》ぬ。そうやってつづいている「いのち」のとちゅうを、人《ひと》はたべているんだ。

植物《しょくぶつ》も同《おな》じ。種《たね》から芽《め》が出《で》て、葉《は》っぱが大《おお》きくなって、枯《か》れるまで。あらゆる生《い》きているものの、「いのち」のとちゅうが、たべものになる。

つまり、人《ひと》はほかの生《い》きものの「いのち」をもらって生《い》きている。きみにできることは、「いただきます」と言《い》って、いのちに感謝《かんしゃ》すること。そしてきみ自身《じしん》のいのちを、めいっぱいかがやかせることだ。

おいしく たべるって しあわせ

たべものはからだの燃料《ねんりょう》になる。でも、車《くるま》のガソリンを満《まん》タンにするみたいにただ「たべる」だけじゃ、つまらないね。

たべることの先《さき》には、おいしくてたのしい世界《せかい》が広《ひろ》がっている。

大人《おとな》になると、自分《じぶん》で買《か》いものをして料理《りょうり》をしたり、外《そと》で友《とも》だちとおいしいも

のをたべたりするようになる。そのときになってはじめて、たべるってたのしいんだと、気《き》づく人《ひと》も多《おお》い。

でも、子《こ》どもだって、たべることをたのしみたいね。

「たのしくたべること」のきっかけは、なんだっていい。人《ひと》それぞれちがって当然《とうぜん》。この本《ほん》で、自分《じぶん》なりのヒントを見《み》つけていこう。

1

たべものは どこにある？

ふだんきみがたべているのは、ほとんどがお店《みせ》で買《か》ってきたものだ。

野菜《やさい》や肉《にく》を買《か》うスーパーマーケット、商店街《しょうてんがい》のドーナツ屋《や》、お祭《まつ》りのときのたこ焼《や》き屋《や》。レストランでも食事《しょくじ》をするね。

いまの日本《にほん》では、たべものはお店《みせ》で買《か》うのがあたりまえ。だけど、昔《むかし》はお店《みせ》なんてひとつもなかった。そんな生活《せいかつ》のことをちょっと考《かんが》えてみよう。

もしも水道《すいどう》がなかったら？

生《い》きるための水《みず》はどこにあるのだろう

水《みず》は人《ひと》にとって、とても大切《たいせつ》なもの。のまないと、のどもからだもカラカラにかわいてしまう。

いまは、ほしいときに蛇口《じゃぐち》をひねったらいつでも水《みず》が出《で》てくるけれど、昔《むかし》は水道《すいどう》なんてなかった。自然《しぜん》のなかから、水《みず》をさがさないといけなかったんだ。

料理《りょうり》やせんたく、お風呂《ふろ》などのくらしにも水《みず》は必要《ひつよう》。野菜《やさい》や米《こめ》を育《そだ》てたり家畜《かちく》を飼《か》ったりするためにも欠《か》かせない。雨水《あまみず》や山《やま》の上《うえ》のわき水《みず》、川《かわ》の水《みず》などを利用《りよう》してきた。

地面《じめん》の下《した》を流《なが》れている地下水《ちかすい》をくみ上《あ》げて使《つか》った。これは井戸《いど》と呼《よ》ばれ、いまでも使《つか》われている。

動物《どうぶつ》の乳《ちち》

アフリカの砂漠《さばく》など雨《あめ》の少《すく》ないところで動物《どうぶつ》の乳《ちち》は、水《みず》のかわりになる。人《ひと》はかたい草《くさ》や葉《は》をたべられないけれど、かわりにひつじや馬《うま》、牛《うし》などの動物《どうぶつ》が草《くさ》をたべ、それを乳《ちち》に変《か》えておっぱいから出《だ》してくれるんだ。

植物《しょくぶつ》の水《みず》

カラハリ砂漠《さばく》に住《す》むサン族《ぞく》は、ナンという野生《やせい》のスイカの果汁《かじゅう》からのみ水《みず》をつくる方法《ほうほう》を発明《はつめい》した。スイカに灰《はい》をまぜてつくる水《みず》で、料理《りょうり》をしたりからだを洗《あら》ったりもする。

たべものをさがしてたべる

自然《しぜん》のなかからたべものをあつめる

おなかがぺこぺこのとき、たべものを買《か》えるお店《みせ》なんてどこにもなかったらどうする？ 自分《じぶん》でなにかたべられそうなものをさがすしかない。

大昔《おおむかし》から人《ひと》はずっとそうしてきた。だって身《み》のまわりの自然《しぜん》にはたべられるものがいっぱいあるからね。

木《き》に実《みの》るみずみずしいくだものや、森《もり》に落《お》ちているどんぐりやくりなどの木《き》の実《み》、きのこなどをあつめてたべた。もちろん毒《どく》きのこはたべちゃだめ。

川《かわ》や海《うみ》のなかは、たべられるものだらけ。いろんな種類《しゅるい》の魚《さかな》や貝《かい》、わかめやこんぶなどの海《かい》そうもある。

大昔《おおむかし》、日本人《にほんじん》は石器《せっき》を使《つか》ってナウマンゾウなど大《おお》きな動物《どうぶつ》をつかまえてたべていた。大型動物《おおがたどうぶつ》が絶滅《ぜつめつ》すると、シカ、イノシシ、うさぎなどの動物《どうぶつ》を弓《ゆみ》や矢《や》、ワナなどの道具《どうぐ》を使《つか》ってつかまえた。

狩《か》りへ出《で》かけて、えものをつかまえる

うんちの化石《かせき》から大昔《おおむかし》の人《ひと》がなにをたべてきたのかを調《しら》べたところ、人《ひと》が誕生《たんじょう》したと言《い》われる450万年《まんねん》くらい前《まえ》に多《おお》くたべられていたのは虫《むし》だった。身近《みぢか》にいるし、きっとつかまえやすかったのだろう。道具《どうぐ》を使《つか》って大《おお》きな動物《どうぶつ》をつかまえるようになったのは、だいぶあとになってからのことなんだ。

いまでもできる！身《み》近《ぢか》な自《し》然《ぜん》でたべもののさがし

チョットかんがえてみよう

自然《しぜん》のなかでたべものをさがそう

昔《むかし》の人《ひと》が野山《のやま》でたべものをさがしたのと同《おな》じように、いまでも身近《みぢか》な自然《しぜん》のなかでたべものをさがしてたべる方法《ほうほう》はたくさんある。どのようにさがせるか、考《かんが》えてみよう。

つくしとり

少《すこ》しずつ日差《ひざ》しがあたたかくなる3～4月《がつ》ごろに、にょきにょきと芽《め》をのばすつくし。ほろっとにがい春《はる》の味《あじ》がする。かたくてぎざぎざの「はかま」をとり、甘《あま》からく煮《に》たりごはんにまぜたりしてたべる。

貝《かい》ほり

浅《あさ》い海《うみ》につづく砂浜《すなはま》で、春《はる》から夏《なつ》にかけて貝《かい》がとれる。貝《かい》は砂《すな》のなかにいるので、砂《すな》をほりながらさがす。あさりやはまぐり、マテ貝《がい》など、場所《ばしょ》によってとれる貝《かい》はさまざまだ。

魚《さかな》つり

海《うみ》や川《かわ》ではいろんな魚《さかな》がとれる。つりざおでつるときは、糸《いと》の先《さき》の針《はり》にエサをつけて魚《さかな》をおびきよせる。波《なみ》のおだやかな海《うみ》、流《なが》れのはげしいごつごつした岩場《いわば》など、場所《ばしょ》によってつりかたも変《か》わる。

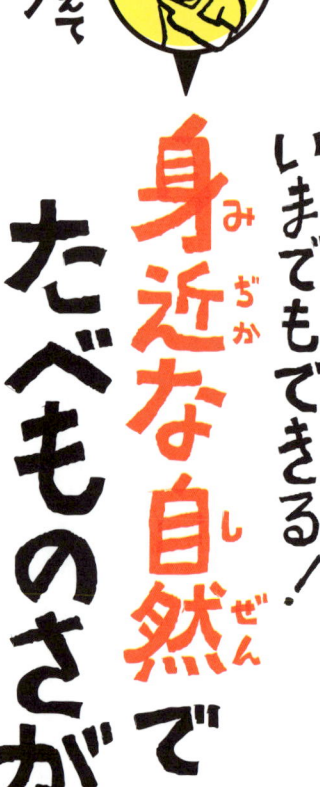

たけのこほり

竹《たけ》がたくさん生《は》えているところでは、春《はる》になると土《つち》のなかから竹《たけ》のあたらしい芽《め》が顔《かお》を出《だ》す。それが、たけのこ。傷《きず》つけないように土《つち》のなかからやさしくほり出《だ》してたべる。

ぎんなん拾《ひろ》い

イチョウの木《き》になる黄色《きいろ》い実《み》の、種《たね》の部分《ぶぶん》がぎんなん。秋《あき》になると熟《じゅく》して落《お》ちる実《み》を拾《ひろ》いあつめる。強《つよ》いにおいの果《か》肉《にく》をとったかたい殻《から》ごと焼《や》き、中身《なかみ》のやわらかくて黄色《きいろ》いところだけをたべる。

ぎんなん
かぶれるから手袋《てぶくろ》をして拾《ひろ》うよ

ベリーつみ

フィンランドなどでは、夏《なつ》になると森《もり》に入《はい》り、野生《やせい》のブルーベリーやビルベリーなどの実《み》をつむ。そのままたべたり、パイなどお菓子《かし》づくりに利用《りよう》したりする。

外国《がいこく》でも…

つみたてはおいしいね

動物《どうぶつ》を飼《か》ってくらす

たべるために生《い》きものと生活《せいかつ》する

わざわざたべものをさがしにいかなくても、動物《どうぶつ》を飼《か》ってくらせばたべものに困《こま》らない。だから

ひつじの乳《ちち》はそのままのんだり、料理《りょうり》に使《つか》ったりするほかにも、チーズやバター、ヨーグルトなどになる。

1年《ねん》に1回《かい》、春《はる》になるとひつじの毛《け》をかりとる。細《ほそ》い毛《け》を何本《なんぼん》もより合《あ》わせ、長《なが》い毛《け》糸《いと》にして服《ふく》やじゅうたんをつくる。

人《ひと》は、ひつじや馬《うま》、牛《うし》などの動物《どうぶつ》を飼《か》うようになった。

飼《か》う動物《どうぶつ》は、人《ひと》といっしょにくらしやすいものがいい。人《ひと》とちがうものをたべること、それに、おとなしくて飼《か》いやすいことが条件《じょうけん》だ。人《ひと》とたべものをとりあったり、トラやライオンのように人《ひと》をおそったりする動物《どうぶつ》は、いっしょにくらすのがむずかしい。

水場《みずば》や草地《くさち》を求《もと》めて移動《いどう》しながらくらす遊《ゆう》牧民《ぼくみん》と呼《よ》ばれる人々《ひとびと》もいる。人《ひと》とともに長《なが》い距離《きょり》を移動《いどう》できるかも大切《たいせつ》な条件《じょうけん》だ。

ひつじは子《こ》だくさん。2才《さい》になると子《こ》どもを生《う》めるようになり、7〜8才《さい》ごろまで毎年《まいとし》、いちどに2〜4頭《とう》の子《こ》ひつじを生《う》む。

ひつじの肉《にく》は大切《たいせつ》ないのちであり、たべものである。一滴《いってき》の血《ち》も大地《だいち》に落《お》とさずに手早《てばや》く殺《ころ》す方法《ほうほう》を、昔《むかし》の牧畜民《ぼくちくみん》たちはあみだした。肉《にく》や血《ち》、脂《あぶら》もすべてをたべつくす。はいだ皮《かわ》からはテントがつくられる。

生《なま》クリームから！ バターを手《て》づくりしてみよう

牛《うし》からしぼった乳《ちち》を静《しず》かにおいておくと、生《なま》クリームが浮《う》いてくる。この生《なま》クリームから、昔《むかし》の人《ひと》たちがやっていたのと同《おな》じような方法《ほうほう》で、かんたんにバターをつくることができるよ。

用意《ようい》するもの

空《から》のペットボトル
500ミリリットルのもの

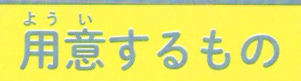

塩《しお》
ひとつまみ

ペットボトルが
切《き》れるはさみ

生《なま》クリーム 1パック
冷《れい》ぞう庫《こ》で冷《ひ》やしておく

かならず「純正《じゅんせい》」「動物性《どうぶつせい》」と書《か》かれているものを使《つか》おう

1 ペットボトルをふる

ペットボトルに生《なま》クリームを注《そそ》ぎ入《い》れ、ふたをしっかり閉《し》めて、力強《ちからづよ》く上下《じょうげ》にふる。

2 急《きゅう》にかたまる

150回《かい》（1～2分《ふん》）くらい、ひたすらふりつづけると、突然《とつぜん》パシャパシャという音《おと》がしなくなる。

バターは大昔《おおむかし》からつくられてきた

牛《うし》のほかにもひつじややぎ、馬《うま》、らくだなど、いろいろな動物《どうぶつ》の乳《ちち》を使《つか》って、世界各地《せかいかくち》でバターがつくられてきた。

大昔《おおむかし》に、乳《ちち》を入《い》れて運《はこ》んでいた袋《ふくろ》が移動中《いどうちゅう》に揺《ゆ》れて、たまたまバターができたのではないかと言《い》われている。ヨーロッパでは、木《き》のたるに棒《ぼう》をさしこんで使《つか》う道具《どうぐ》でバターをつくっていたそうだ。

3 もっとふる

あと150回《かい》（1～2分《ふん》）くらいふりつづけると、こんどはパシャッという音《おと》がして水《みず》が出《で》てくる。そのままあと30回《かい》くらいふりつづけると、水《みず》とかたまりにわかれる。

4 水《みず》をとり出《だ》す

ペットボトルのふたを開《あ》け、水《みず》だけをコップなどに出《だ》す。この水《みず》はホエーと呼《よ》ばれ、栄養《えいよう》たっぷり。どんな味《あじ》がするか、味見《あじみ》してみよう。さとうやはちみつを入《い》れてもおいしいよ。

5 バターをとり出《だ》す

ペットボトルをはさみで切《き》り、スプーンなどでかたまっているバターをとり出《だ》す。塩《しお》をまぜてできあがり。

植物《しょくぶつ》を育《そだ》ててたべる

自然《しぜん》のたべものから育《そだ》てたたべものへ

動物《どうぶつ》を飼《か》うとともに、人《ひと》は土《つち》をたがやし、たべられる植物《しょくぶつ》を自分《じぶん》たちで育《そだ》てるようになった。

種《たね》をまいて、大《おお》きく育《そだ》て、葉《は》っぱや実《み》をたべる。できた種《たね》はとっておき、また土《つち》にまいて大《おお》きく育《そだ》てる。

こうやって、人《ひと》はたべものをふやせるようになったんだ。

もう必死《ひっし》になって自然《しぜん》のなかからたべられる木《き》の実《み》や葉《は》っぱをさがしまわらな

くてもいいね。

だけど、植物《しょくぶつ》を枯《か》らさずに上手《じょうず》に育《そだ》てるのは、なかなかむずかしい。たくさんの水《みず》と日《ひ》あたりがよい場《ば》所《しょ》が必要《ひつよう》。暑《あつ》すぎても寒《さむ》すぎてもよくない。土《つち》をたがやし、植物《しょくぶつ》を世話《せわ》するための人手《ひとで》もたくさんいる。

そこで人《ひと》は、それまでのようにたべものをさがし求《もと》めて移動《いどう》する生活《せいかつ》をやめ、ひとつの場《ば》所《しょ》にくらして植物《しょくぶつ》を育《そだ》てることにした。とくに水《みず》がたくさんある川《かわ》のまわりは、植物《しょくぶつ》を育《そだ》てやすいから、多《おお》くの人《ひと》があつまって住《す》むようになった。

ためしてみよう
チョット

野菜《やさい》の切《き》れはしで！ミニ野菜《やさい》畑《ばたけ》をつくろう

すててしまう野菜《やさい》の切《き》れはしや、たべられない根《ね》っこから、もういちど野菜《やさい》が生《は》えてくるって知《し》っているかな？　本物《ほんもの》の畑《はたけ》がなくても、家《いえ》でかんたんに野菜《やさい》をふやせるよ。

用意《ようい》するもの

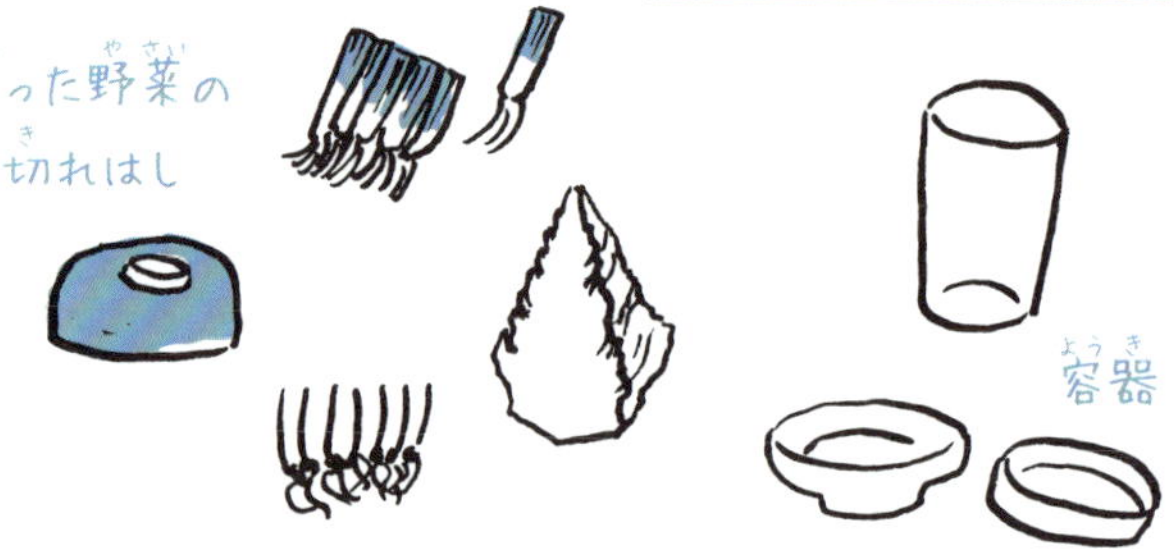
余《あま》った野菜《やさい》の切《き》れはし
容器《ようき》

ねぎ

白《しろ》いところを2センチくらいのこす。

青《あお》ねぎをたべたあとの根《ね》っこをグラスに入《い》れ、きれいな水《みず》にひたしてみよう。2〜3日《にち》すると緑《みどり》の葉《は》がスクスクのびてきて、またたべられるよ。

かいわれ大根《だいこん》

たべたあとにのこる根《ね》っこを、買《か》ったときの容器《ようき》にスポンジごともどして、水《みず》にひたしておこう。あたらしい茎《くき》と葉《は》っぱがたくさん出《で》てくる。サラダに入《い》れて、またたべられるね。

三《み》つ葉《ば》や長《なが》ねぎなど、根《ね》のついたほかの野菜《やさい》でもためしてみよう

くだものの種《たね》をまけば実《み》ができるのかな？

柿《かき》やもも、みかんなど、たべたあとのくだものの種《たね》を土《つち》にまいて、育《そだ》ててみたらどうなるかな？

太陽《たいよう》の光《ひかり》があたるところで、毎日《まいにち》水《みず》やりをすれば、芽《め》は出《で》てくるものが多《おお》い。でも大《おお》きく育《そだ》って、実《み》ができるまでにはけっこう時間《じかん》がかかるし、あたたかい国《くに》でないと丈夫《じょうぶ》に育《そだ》たないくだものもある。

だけどどんな結果《けっか》になるか、やってみないとわからないね。思《おも》い立《た》ったら、ぜひためしてみよう。

「ももくり3年《ねん》柿《かき》8年《ねん》」（ももとくりの実《み》ができるまで3年《ねん》、柿《かき》の実《み》ができるまで8年《ねん》かかる）、ということわざもある。

大根《だいこん》

大根《だいこん》やにんじんのへた（太《ふと》いほうの一番《いちばん》はしっこ）を厚《あつ》めに切《き》って水《みず》にひたしておくと、あたらしい芽《め》と葉《は》っぱが出《で》てくる。みそ汁《しる》やサラダに入《い》れるのにぴったり。

にんじん

半分《はんぶん》くらい水《みず》につける

キャベツ

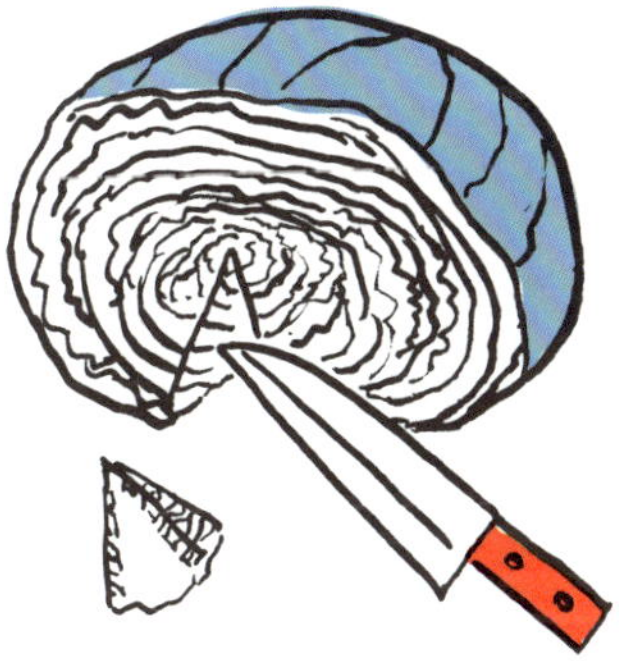

かたくてたべにくい芯《しん》のところをほうちょうで三角《さんかく》に切《き》りとり、水《みず》につけておくと、あたらしい葉《は》っぱが出《で》てくる。やわらかくておいしいよ。

たべてきたもの

季節《きせつ》ごとにとれる野菜《やさい》や魚《さかな》をたべた

日本《にほん》では昔《むかし》から、田《た》んぼや畑《はたけ》で米《こめ》や野菜《やさい》を育《そだ》ててきた。海《うみ》で囲《かこ》まれている島国《しまぐに》だから、おいしい魚《さかな》や貝《かい》もいっぱいとれた。

春《はる》、夏《なつ》、秋《あき》、冬《ふゆ》の季節《きせつ》がはっきりしているため、季節《きせつ》によって育《そだ》つ野菜《やさい》やとれる魚《さかな》がちがう。それに合《あ》わせて、季節《きせつ》のたべものをおいしく味《あじ》わうための料理《りょうり》や、長持《ながも》ちさせる保存方《ほぞんほう》法《ほう》が考《かんが》えられてきたんだ。

日本《にほん》のたべものは、米《こめ》やざっこくなどのごはんが主役《しゅやく》。そこに野菜《やさい》や魚《さかな》のおかず、それに汁《しる》もの

日本人《にほんじん》が

がそえられる。でも、ゆうふくな人《ひと》をのぞいて、多《おお》くの日本人《にほんじん》は米《こめ》のかわりに麦《むぎ》だけ、さつまいもだけ、といった食事《しょくじ》も少《すく》なくなかった。日本人《にほんじん》みんなが、白《しろ》いごはんをたべられるようになったのは、1964年《ねん》に東京《とうきょう》オリンピックが行《おこな》われたころからと言《い》われている。

　ほかの国々《くにぐに》のように、牛《うし》やぶたなどの動物《どうぶつ》を飼《か》って肉《にく》をたべたり、乳《ちち》をのんだりするのも、昔《むかし》の日本《にほん》にはなかったあたらしい習慣《しゅうかん》なんだ。

日本人《にほんじん》が長《なが》くたべてきたのは米《こめ》やざっこくなどのごはんとみそ汁《しる》などの汁《しる》もの、それに野菜《やさい》や魚《さかな》のおかず。食事《しょくじ》は昼《ひる》と夜《よる》の1日《にち》2回《かい》が多《おお》かった。

1

たべものはどこにある？

いまの日本人《にほんじん》がたべてるものは？

昔《むかし》といまのたべものは、ずいぶんちがう

自分《じぶん》たちで育《そだ》てた野菜《やさい》や、海《うみ》や川《かわ》でとれる魚《さかな》や貝《かい》などをたべてきた日本人《にほんじん》だけど、いまは肉《にく》や外国《がいこく》からやってきたたべものなど、いろんなものをたべているね。どれが日本《にほん》で昔《むかし》からたべられていたもので、どれがたべられていなかったものか、わかるかな？

明治時代《めいじじだい》に、日本《にほん》と外国《がいこく》との行《い》き来《き》がさかんになると、たべものがガラッと変《か》わった。それまでほとんどたべられていなかった肉《にく》をたべ、牛乳《ぎゅうにゅう》をのむようになった。

肉《にく》をたべるようになった

昔《むかし》からたべつづけているもの

ごはんや焼《や》き魚《ざかな》、みそ汁《しる》、卵焼《たまごや》きなど、昔《むかし》からたべてきたもので、いまでもよくたべられているものもある。ただし材料《ざいりょう》やつくりかたは昔《むかし》とちがうところもあるよ。

昔《むかし》からの味《あじ》つけ

日本《にほん》では昔《むかし》から、しょうゆで味《あじ》つけされる料理《りょうり》が多《おお》い。外国《がいこく》のたべものが入《はい》ってきても、てり焼《や》きチキンや肉《にく》じゃがなど、日本風《にほんふう》のしょうゆ味《あじ》にアレンジされてしたしまれている料理《りょうり》もたくさんある。

外国《がいこく》からやってきたたべもの

ハンバーグやカレーライス、ぎょうざ、パスタなどの、いま人気《にんき》のたべものは、どれも昔《むかし》の日本《にほん》ではたべられていなかった。外国《がいこく》から入《はい》ってきたたべものが、日本人《にほんじん》の口《くち》に合《あ》う味《あじ》つけの料理《りょうり》になり広《ひろ》まったんだ。

台所《だいどころ》があちこちに

料理《りょうり》をつくる場所《ばしょ》やたべる場《ば》所《しょ》は、自分《じぶん》の家《いえ》だけではなくなり、レストランなどの外《そと》のお店《みせ》へと広《ひろ》がった。世界中《せかいじゅう》のファストフードの店《みせ》では、同《おな》じハンバーガーやポテトをたべることができる。

2 なにをどうたべよう?

たべものはもともと、どんな姿《すがた》で生《い》きていたのだろう? 人《ひと》がたべているものは、いのちのどの部分《ぶぶん》で、それをどうやってたべているのだろう?

たべものを料理《りょうり》しないでそのままたべることって少《すく》ないね。泥《どろ》のついたたべものを洗《あら》う、切《き》りきざむ、煮《に》る、焼《や》く、味《あじ》つけをする……。おいしくたべるための方法《ほうほう》をいろいろ考《かんが》えてみよう。

種《たね》をたべる

えだ豆《まめ》
そら豆《まめ》
うずら豆《まめ》

豆《まめ》はマメ科《か》の植物《しょくぶつ》の種《たね》。たべられる豆《まめ》の種類《しゅるい》はとても多《おお》い。

あずき

だいず

植物《しょくぶつ》のいのちの源《みなもと》

豆《まめ》や米《こめ》、とうもろこし、ごまなどは、植物《しょくぶつ》の種《たね》の部分《ぶぶん》だ。種《たね》には、植物《しょくぶつ》がこれから成長《せいちょう》していくために備《そな》えた〝いのちの源《みなもと》〟とも言《い》うべきパワーがつまっている。だから、人《ひと》にとっても栄養《えいよう》がたっぷり。

ほとんどがそのままではかたく、たべにくいので、やわらかくなるまで火《ひ》を通《とお》してたべる。

小麦《こむぎ》

小麦《こむぎ》の種《たね》を粉《こな》にした小麦粉《こむぎこ》からパンがつくられる。

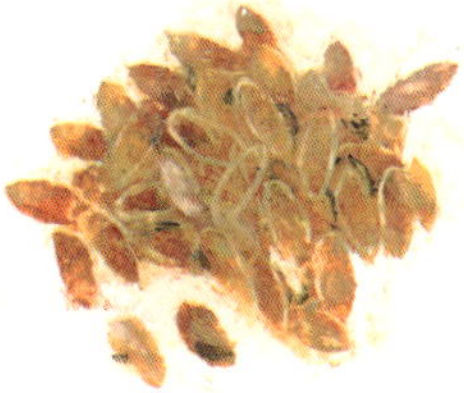

小麦粉《こむぎこ》

稲《いね》

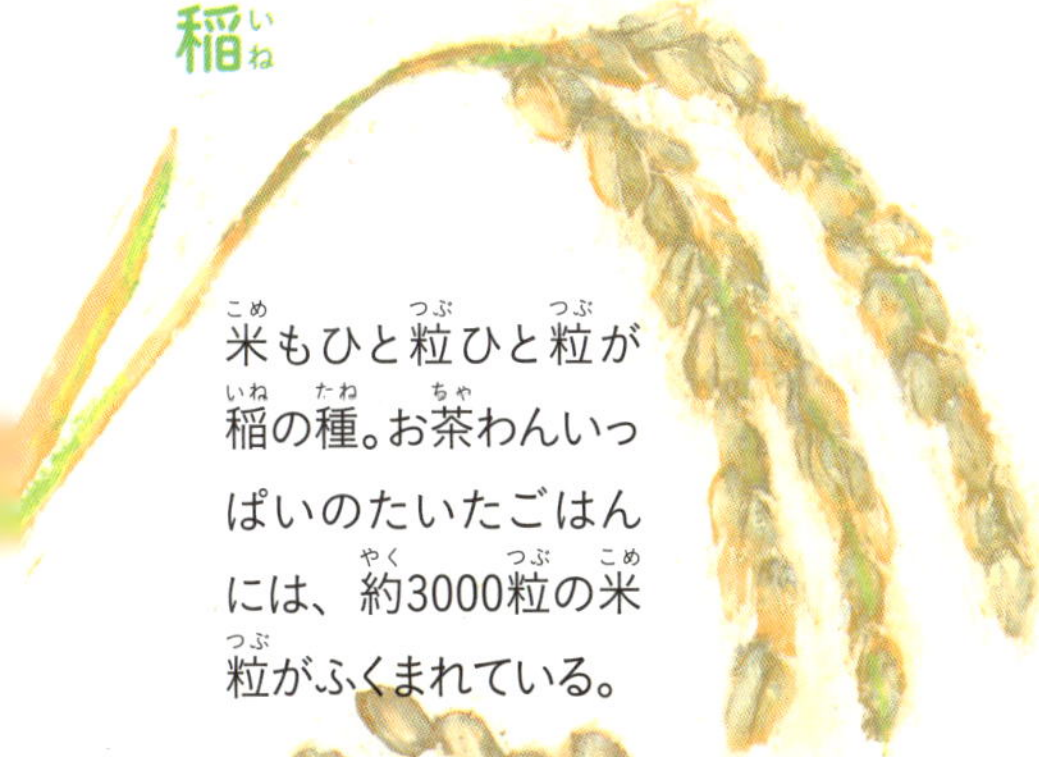

米《こめ》もひと粒《つぶ》ひと粒《つぶ》が稲《いね》の種《たね》。お茶《ちゃ》わんいっぱいのたいたごはんには、約《やく》3000粒《つぶ》の米《こめ》粒《つぶ》がふくまれている。

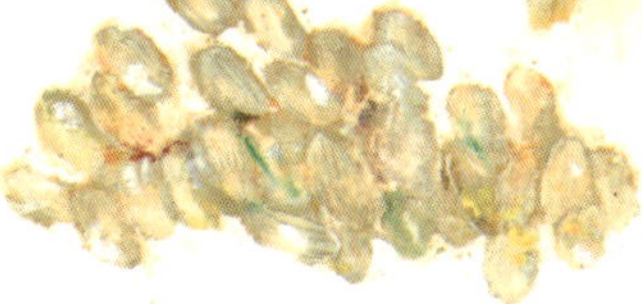

米《こめ》

白《しろ》ごま

黒《くろ》ごま

らっかせい

とうもろこし

とうもろこしも、米《こめ》や小麦《こむぎ》と同《おな》じイネ科《か》のなかま。種《たね》がかたくなる前《まえ》に収《しゅう》かくしてたべる。

黒豆《くろまめ》

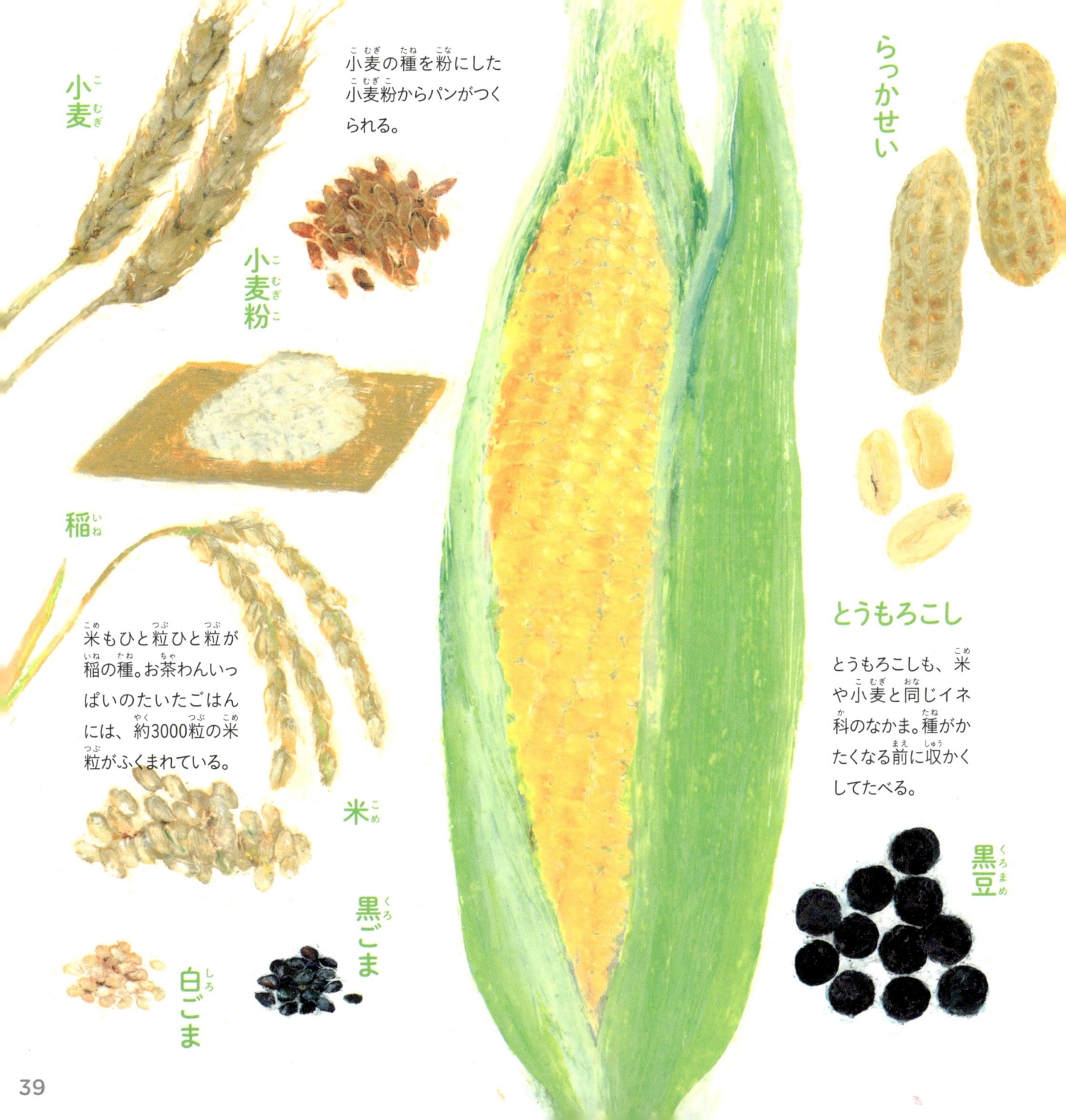

おいしくへんしん! だいずごはん

種《たね》のパワーがつまっているお米《こめ》とだいず。いっしょにたいて、おいしいごはんに変身《へんしん》させよう。

用意《ようい》するもの

30グラム
1合《ごう》
(180ミリリットル)

大《おお》さじ
すいはんき
米用《こめよう》の計量《けいりょう》カップ
(すいはんきについているもの)

◆**材料《ざいりょう》**（お茶《ちゃ》わん2はい分《ぶん》）

米《こめ》……1合《ごう》
だいず（水煮《みずに》の缶《かん》づめ）……大《おお》さじ2
水《みず》……すいはんきのめもり分《ぶん》

1 米《こめ》を洗《あら》って、すいはんきに入《い》れる

米《こめ》を手《て》のひらでつかんで、米《こめ》と米《こめ》をこすり合《あ》わせるようにして洗《あら》う。水《みず》がとうめいになるまで、くりかえし、あたらしい水《みず》に変《か》える。

2 だいずを入《い》れる

3 米《こめ》をたく

すいはんきの1合《ごう》のめもりまで水《みず》を入《い》れて、「すいはん」ボタンを押《お》す。

「たく」とお米《こめ》はどうなるの?

すいはんきのなか

たく前《まえ》

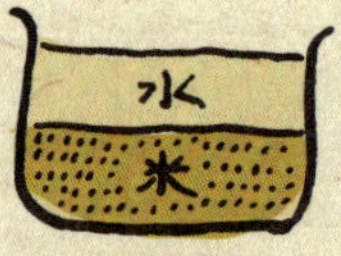
水
米

▼

とちゅう

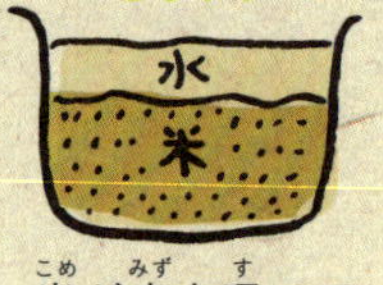
水
米

米《こめ》が水《みず》を吸《す》ってふくらんでいく。

▼

たけた!

米

水《みず》がぜんぶ米《こめ》に吸《す》われた。

おにぎりをにぎってみよう

たいたごはんを、おにぎりにしてみよう。おにぎりにすると、いつもよりふしぎとたくさんたべられるよ。

好《この》みで塩《しお》を少《すこ》し加《くわ》えてもおいしいよ

おにぎりのつくりかた

1 ぬらした手《て》に塩《しお》をふり、手《て》に塩《しお》をなじませる。
2 片方《かたほう》の手《て》のひらにごはんをのせる。
3 もう片方《かたほう》の手《て》をかぶせて、ごはんをギュッとつつむ。
4 好《す》きな形《かたち》ににぎる。

丸形《まるがた》

両手《りょうて》を丸《まる》くして、丸《まる》い形《かたち》にととのえる。

三角《さんかく》

手《て》を「く」の字《じ》に曲《ま》げて、ごはんを回転《かいてん》させながらにぎると三角《さんかく》になる。

たわら形《がた》

ごはんをのせた手《て》を丸《まる》くして、もう片方《かたほう》の手《て》の指《ゆび》で左《さ》右《ゆう》を平《ひら》たくしながら、ごはんを回転《かいてん》させる。

2 なにをどうたべよう?

おいしくへんしん!

パンケーキ

小麦粉《こむぎこ》はパンやパスタ、ケーキにも変身《へんしん》する。みんなが大好《だいす》きなパンケーキを焼《や》いてみよう。

用意《ようい》するもの

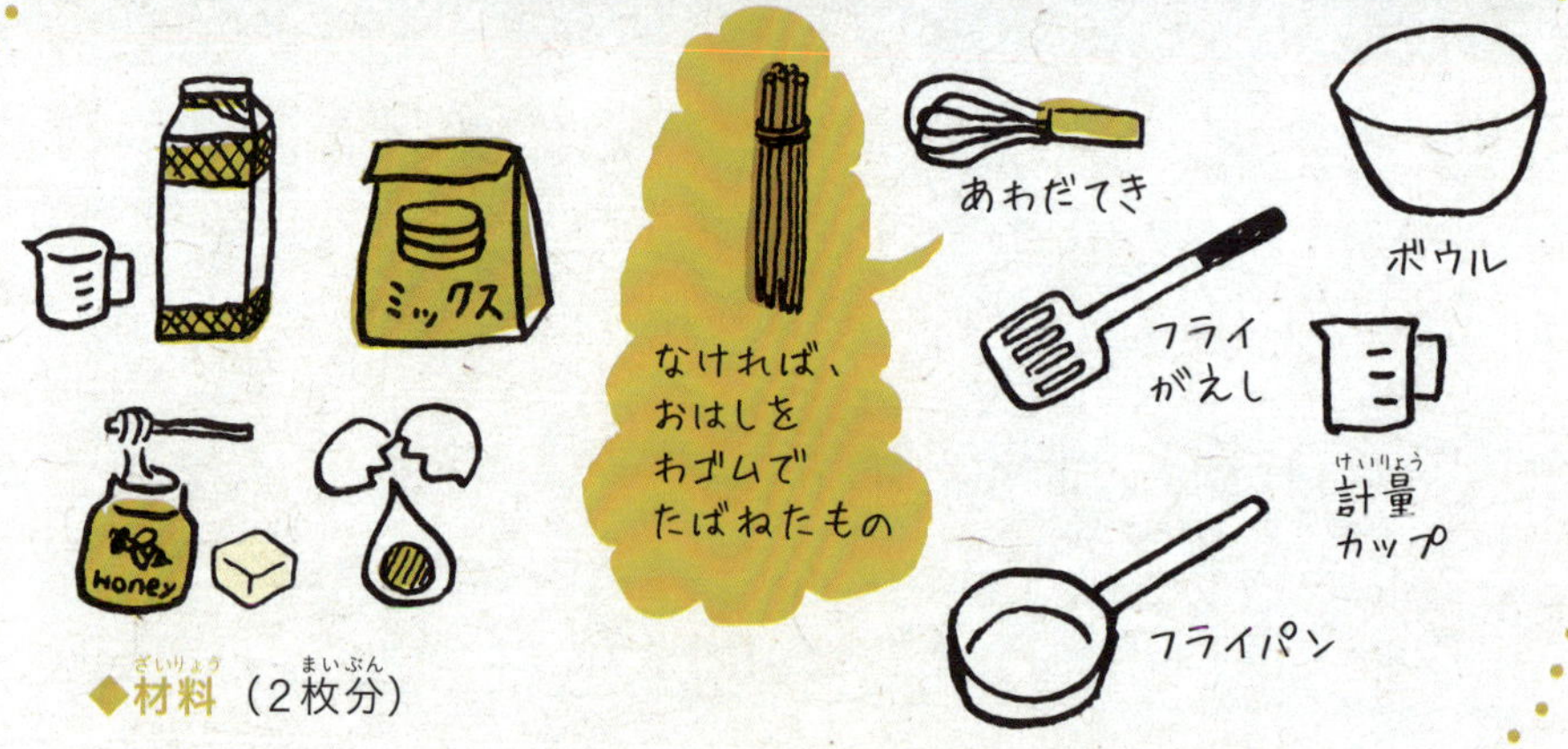
ミックス
Honey
なければ、おはしをわゴムでたばねたもの
あわだてき
ボウル
フライがえし
計量《けいりょう》カップ
フライパン

◆材料《ざいりょう》(2枚分《まいぶん》)

ホットケーキミックス…100グラム

卵《たまご》…1こ

牛乳《ぎゅうにゅう》…80ミリリットル

はちみつやバター…好《す》きなだけ

1 まぜる

ボウルにホットケーキミックス、卵《たまご》、牛乳《ぎゅうにゅう》を入《い》れて、粉《こな》が見《み》えなくなるまであわだてきでまぜる。ふわふわに仕上《しあ》げるためには軽《かる》くまぜるのがポイント。まぜすぎると、小麦粉《こむぎこ》のねばりけが出《で》てかたくなる。

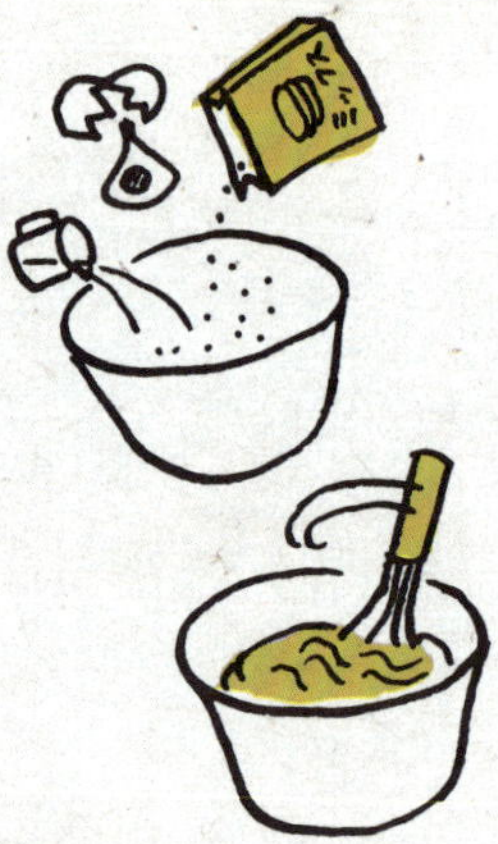

2 生地《きじ》を焼《や》く

フライパンを火《ひ》にかけて、1の半分《はんぶん》の量《りょう》を流《なが》し入《い》れて焼《や》きはじめる。

3 ひっくりかえす

表面《ひょうめん》にプツプツと穴《あな》があいてきたら、フライがえしでひっくりかえし、裏面《うらめん》も焼《や》く。

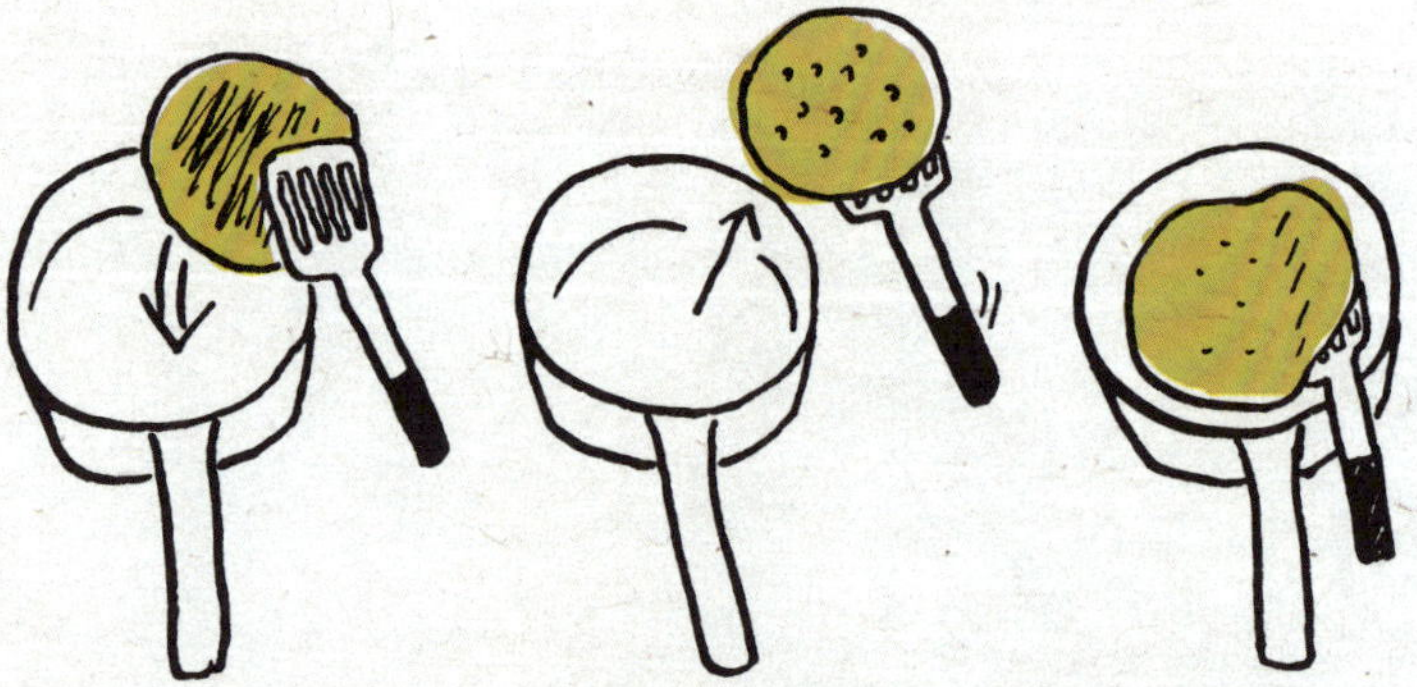

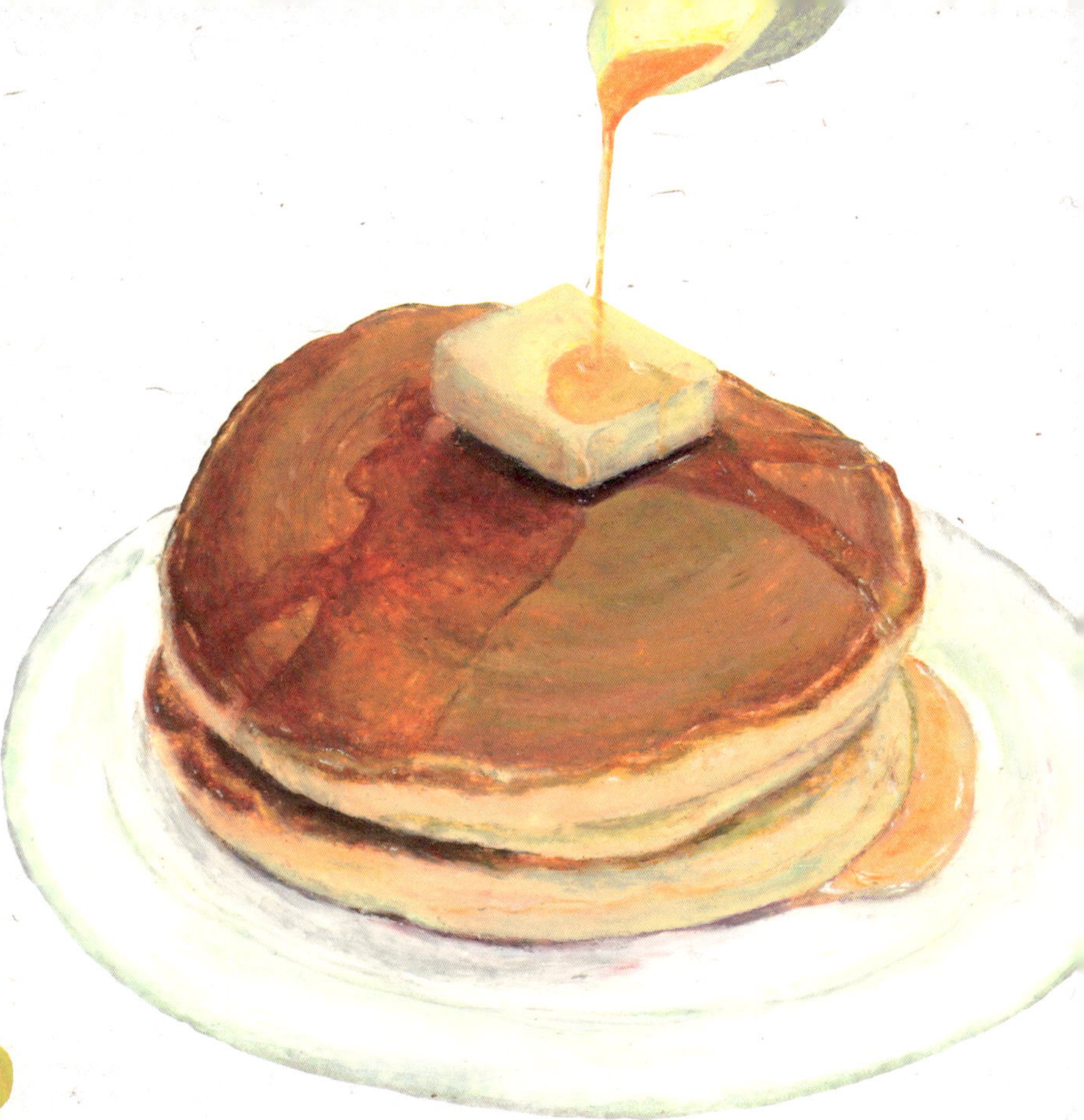

4 お皿《さら》にとる

のこりの半分《はんぶん》も同《おな》じように焼《や》いてお皿《さら》にとる。

しあげにはちみつをかけたり、バターをのせたりしてみよう

パンケーキで甘《あま》いおやつをつくろう

小《ちい》さめを2枚《まい》つくって、好《す》きなものをはさめば、甘《あま》いおやつに。

小《ちい》さめの丸《まる》いパンケーキを2枚《まい》焼《や》く(または大《おお》きいパンケーキに丸《まる》いコップをあて2枚《まい》くりぬく)。

フルーツサンド

ホイップした生《なま》クリームとくだものをはさむとフルーツサンドに。

どら焼《や》き

2枚《まい》のあいだにあんこをはさむとどら焼《や》きに。

2

なにをどうたべよう?

卵《たまご》をたべる

卵《たまご》は殻《から》や膜《まく》で守《まも》られている。にわとりやうずらなど鳥《とり》の卵《たまご》は、殻《から》を割《わ》って中身《なかみ》だけをたべる。卵《たまご》の色《いろ》や大《おお》きさから、どれがなにの卵《たまご》かわかるかな?

動物《どうぶつ》のいのちの源《みなもと》

卵《たまご》から生《う》まれる動物《どうぶつ》は、子《こ》どもをふやすために卵《たまご》を生《う》む。卵《たまご》はいのちを未来《みらい》につないでいくためのものだ。植物《しょくぶつ》にとっての種《たね》と同《おな》じだね。

卵《たまご》には、赤《あか》ちゃんが生《う》まれるために必要《ひつよう》な栄養《えいよう》がいっぱいつまっている。それは人《ひと》にとっても、栄養《えいよう》になるしおいしい。そんな卵《たまご》をたべるとばちがあたると信《しん》じられた時《じ》代《だい》もあったが、いまでは広《ひろ》くたべられている。

「かずのこ」はにしんの卵《たまご》、「いくら」はさけの卵《たまご》だ。日本《にほん》ではおすしでおなじみのたべものだけど、卵《たまご》を生《なま》のままたべる習慣《しゅうかん》がない国《くに》も多《おお》いよ。

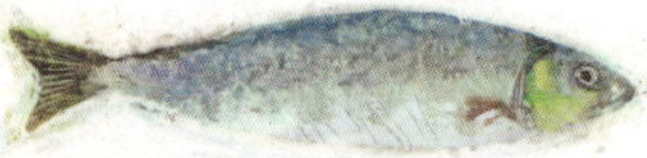

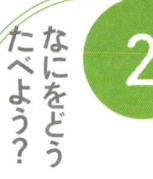

世界《せかい》で一番大《いちばんおお》きな卵《たまご》を生《う》むのはなんだと思《おも》う？　こたえは、だちょう。長《なが》さは約《やく》20センチでメロン1個分《こぶん》くらいの大《おお》きさだ。もちろんだちょうの卵《たまご》もめだま焼《や》きにしてたべられる。

だちょう

おいしくへんしん!

オムレツ

世界《せかい》にはとにかくたくさんの卵料理《たまごりょうり》がある。そのひとつであるオムレツをつくってみよう。

用意《ようい》するもの

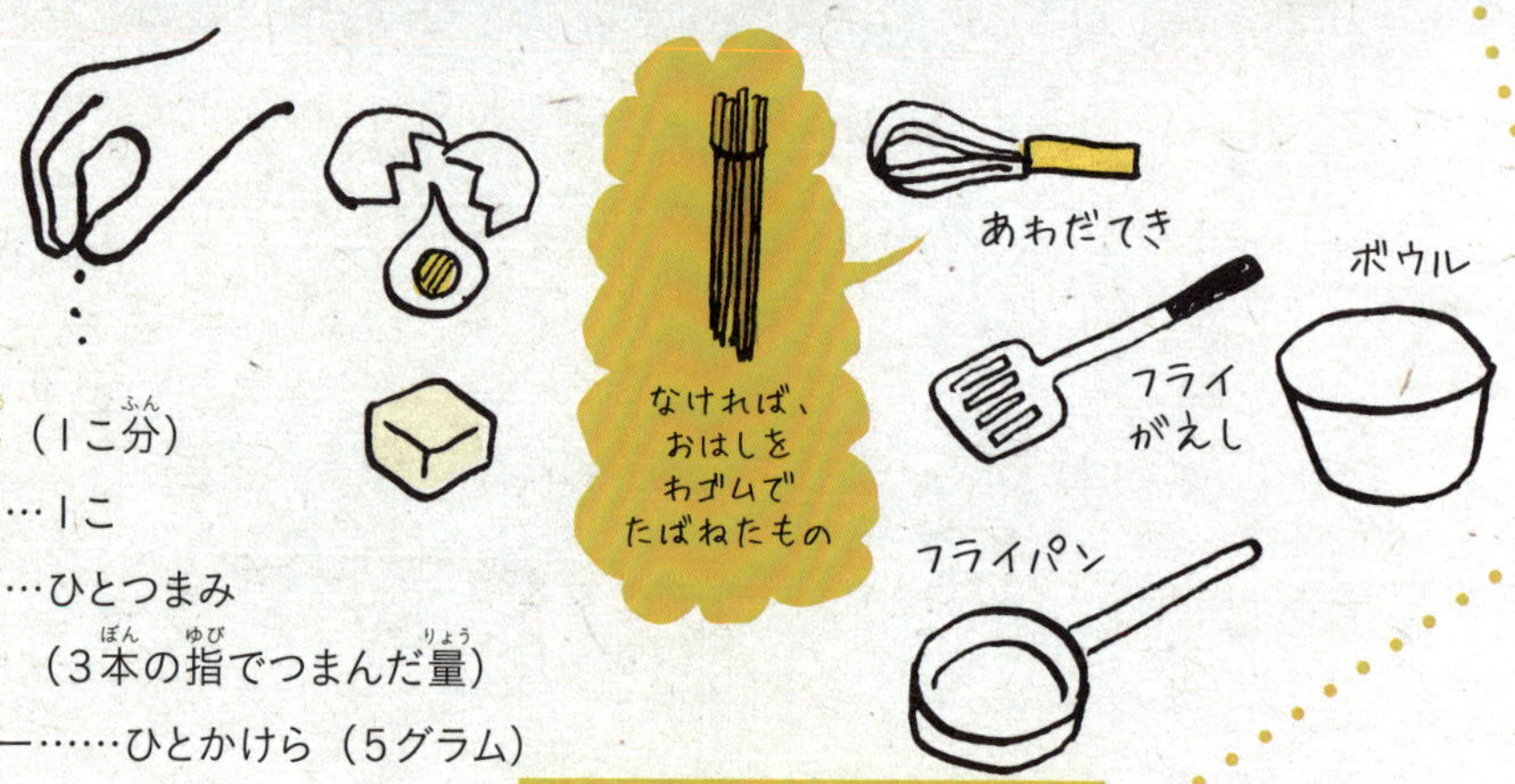
なければ、おはしをわゴムでたばねたもの
あわだてき
ボウル
フライがえし
フライパン

◆**材料《ざいりょう》**（1こ分《ふん》）

卵《たまご》……1こ

塩《しお》……ひとつまみ
（3本《ぼん》の指《ゆび》でつまんだ量《りょう》）

バター……ひとかけら（5グラム）

1 まぜる

ボウルに卵《たまご》と塩《しお》を入《い》れ、あわだてきでかきまぜる。まぜると空気《くうき》がふくまれてふっくらする。

2 焼《や》く

フライパンを火《ひ》にかけてバターをとかし、1を流《なが》し入《い》れてフライがえしで大《おお》きくかきまぜる。

火《ひ》かげんは中火《ちゅうび》（フライパンから炎《ほのお》がはみ出《で》ないくらい）。

3 ととのえる

卵《たまご》がかたまってきたら、フライがえしでフライパンのはしによせて、オムレツの形《かたち》にととのえる。

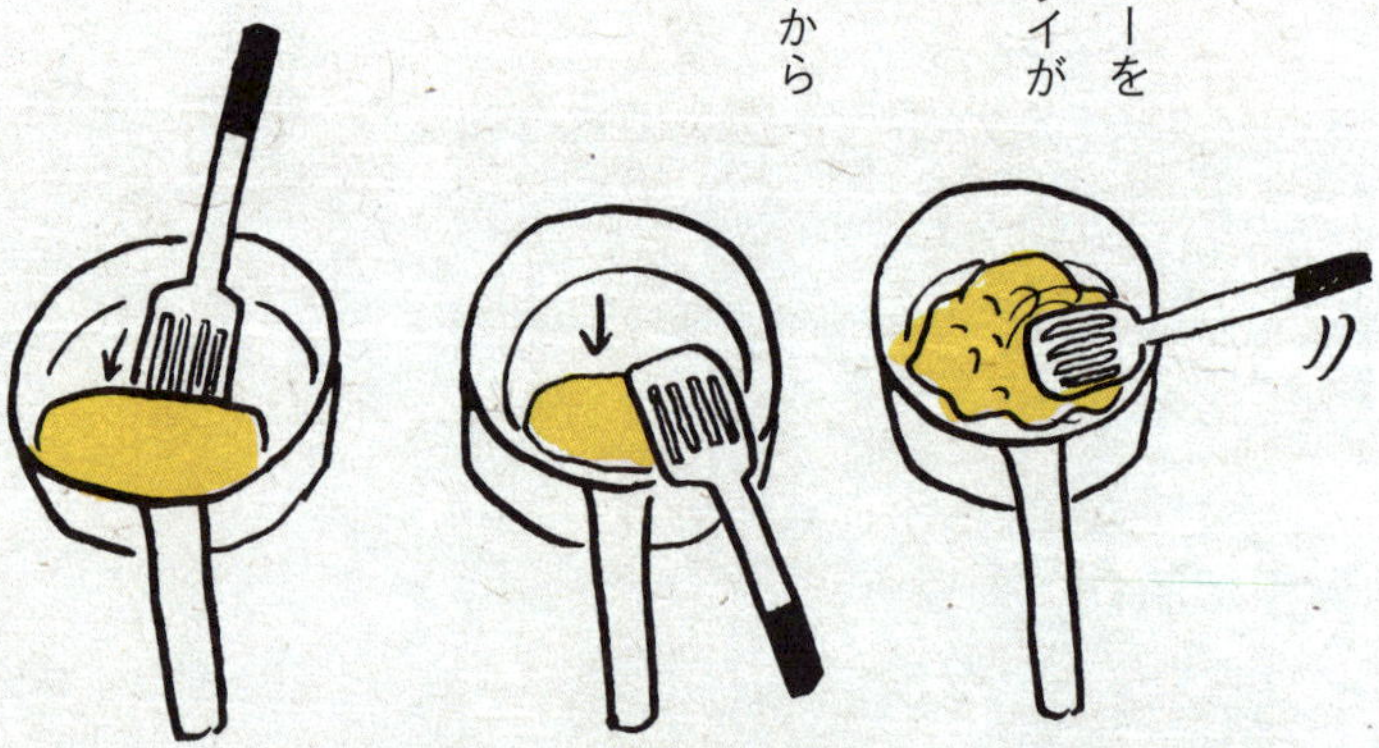

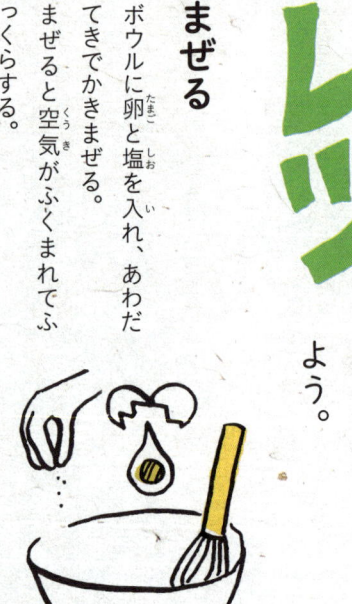

オムレツにはトマト味《あじ》の
ケチャップがよく合《あ》う。
ケチャップで顔《かお》やもようを
描《か》くのもたのしいね

ためしてみよう

くるくる巻《ま》いて卵《たま》焼《や》きに！

フライがえしではしからくるくると巻《ま》くと、卵《たまご》焼《や》きになる。いっしょにうすいたべものを巻《ま》いてもおいしい。のりやチーズ、ハムなど、いろいろためしてみよう。

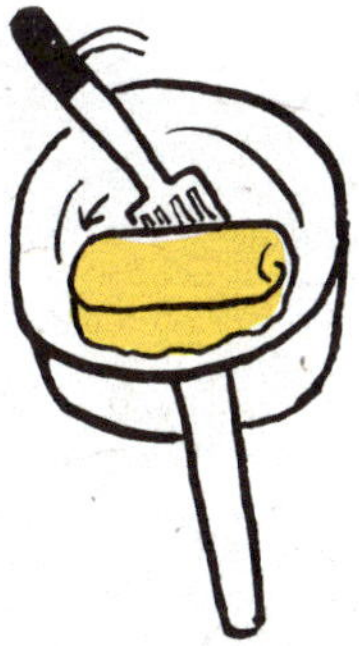

乳《ちち》をたべる

いのちを育《はぐく》むのみもの

いまの日本《にほん》でよくのまれている牛乳《ぎゅうにゅう》は、牛《うし》の乳《ちち》をしぼったもの。世界《せかい》ではやぎやひつじ、馬《うま》、らくだ、トナカイ、ラマなど、いろいろな動物《どうぶつ》の乳《ちち》がのまれている。乳《ちち》で育《そだ》つ動物《どうぶつ》の赤《あか》ちゃんにとって、乳《ちち》は食事《しょくじ》のかわりだ。生《う》まれてすぐは、ほかのたべものをたべずに、お母《かあ》さんにもらう乳《ちち》だけをのんで大《おお》きくなる。

もともと動物《どうぶつ》の乳《ちち》は、その動物《どうぶつ》の子《こ》どもがのむものだった。ほかの動物《どうぶつ》の乳《ちち》をのんだり、たべものに加工《かこう》してたべるのは人《ひと》だけ。そう考《かんが》えると、ちょっとふしぎだね。

ひつじ

やぎ

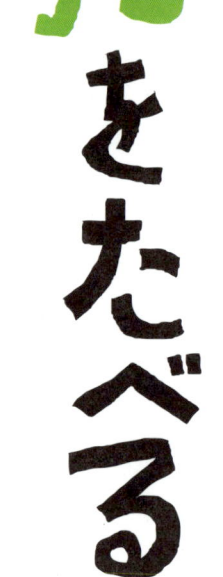

やぎの乳《ちち》はさっぱりした味《あじ》で、人《ひと》の乳《ちち》に似《に》ていると言《い》われている。ひつじの乳《ちち》はこってりしたこい味《あじ》でチーズになることが多《おお》い。

人《ひと》

人《ひと》の赤《あか》ちゃんにとっても、お母《かあ》さんの乳《ちち》は大切《たいせつ》なたべもの。

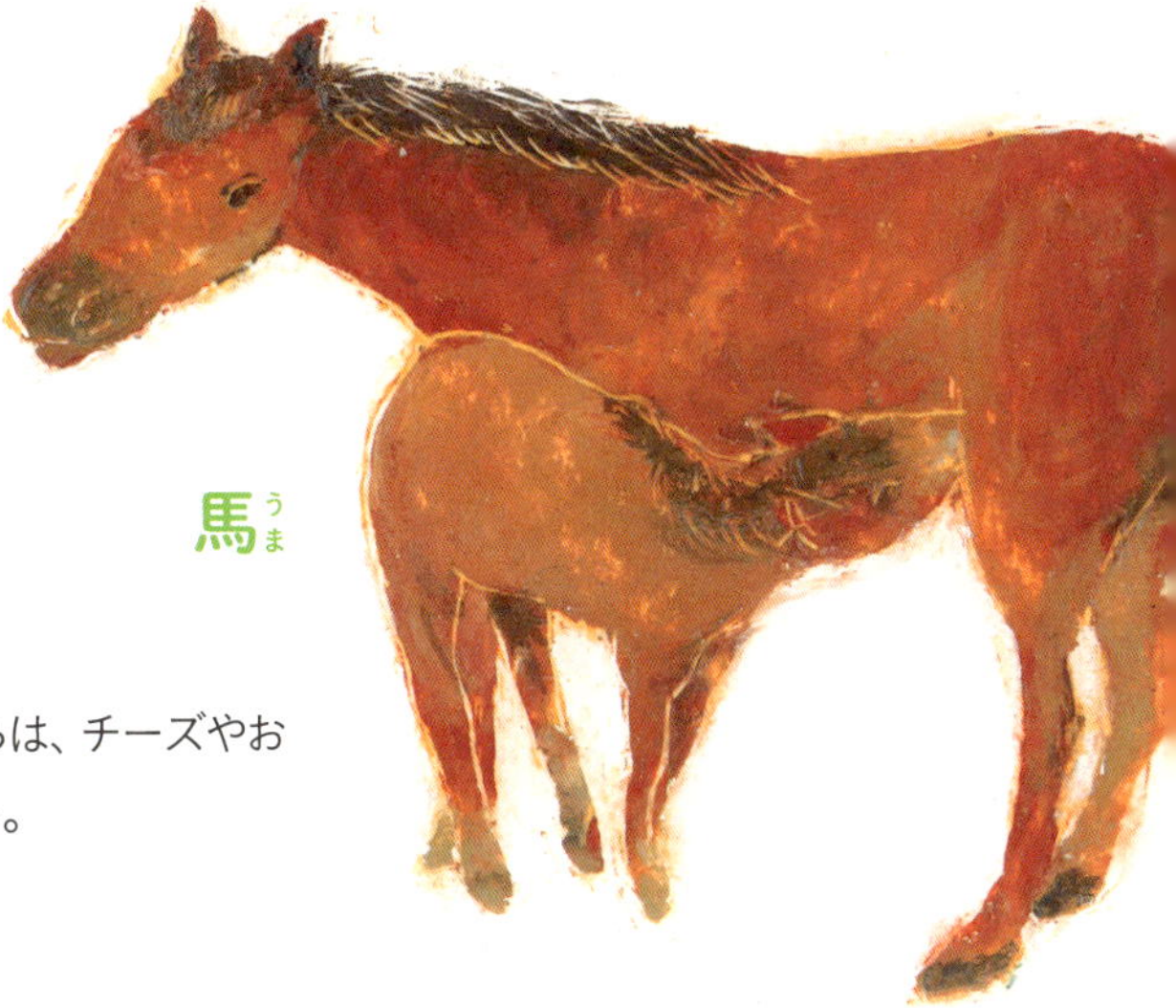

馬《うま》

馬《うま》の乳《ちち》からは、チーズやお酒《さけ》ができる。

アフリカなどの乾《かわ》いた土地《とち》で、らくだの乳《ちち》は貴重《きちょう》な水《みず》がわり。らくだの乳《ちち》からヨーグルトやアイスクリームもつくられる。

らくだ

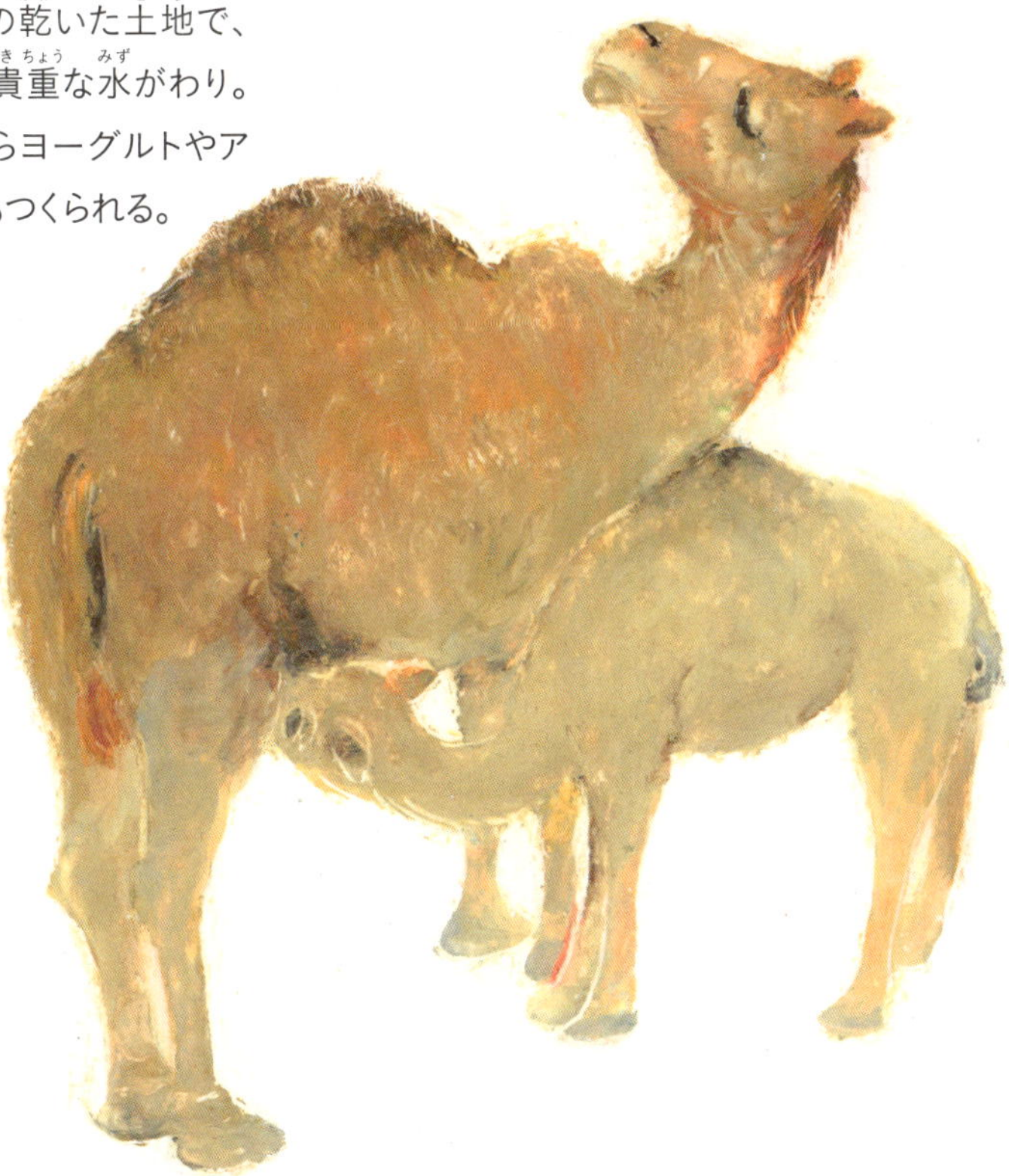

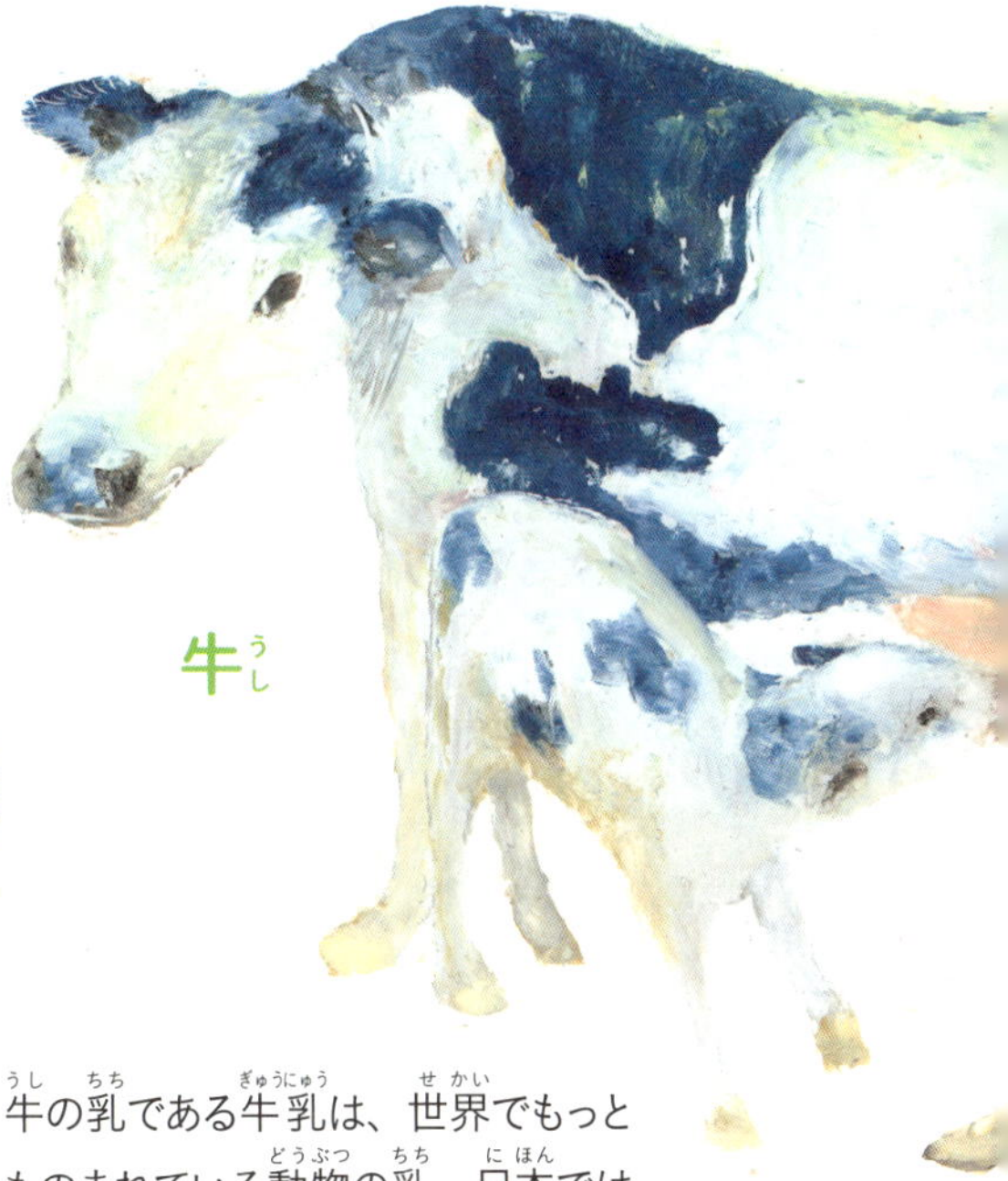

牛《うし》

牛《うし》の乳《ちち》である牛乳《ぎゅうにゅう》は、世界《せかい》でもっとものまれている動物《どうぶつ》の乳《ちち》。日本《にほん》ではのむ習慣《しゅうかん》がなかったが、外国《がいこく》のえいきょうでのむようになった。

おいしくへんしん！

ヨーグルトドリンク

牛乳《ぎゅうにゅう》とヨーグルトは、どちらも牛《うし》の乳《ちち》からできるたべもの。まぜてみたらどんな味《あじ》になるかな？

用意《ようい》するもの

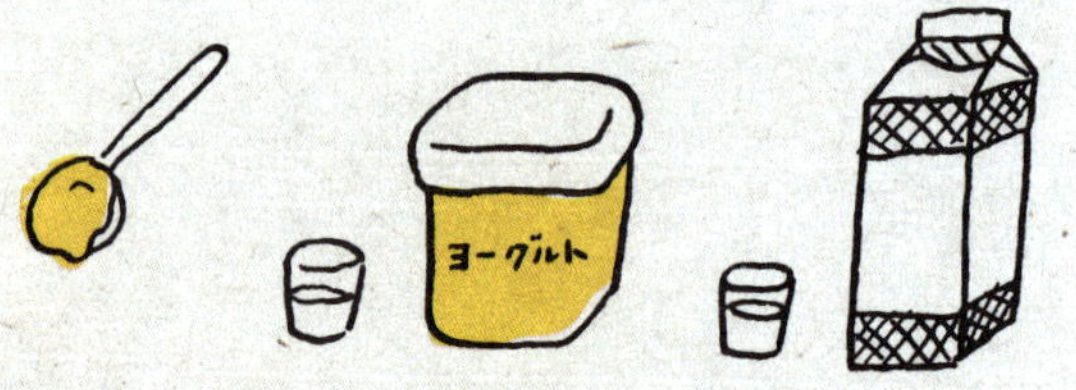

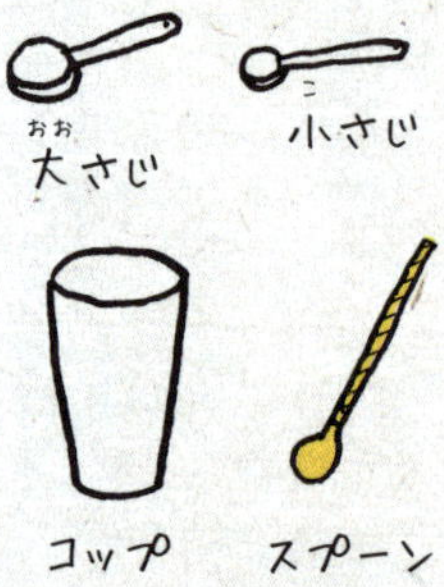

◆材料《ざいりょう》（1はい分《ぶん》）

牛乳《ぎゅうにゅう》……コップの半分《はんぶん》

プレーンヨーグルト（甘《あま》くないヨーグルト）……コップの半分《はんぶん》

はちみつ……大《おお》さじ1

レモンのしぼり汁《じる》……小《こ》さじ1

1 牛乳《ぎゅうにゅう》とヨーグルトをまぜる

コップに牛乳《ぎゅうにゅう》とプレーンヨーグルトを半分《はんぶん》ずつ入《い》れ、スプーンでかきまぜる。

2 はちみつとレモン汁《じる》をまぜる

1にはちみつとレモン汁《じる》を加《くわ》えて、スプーンでかきまぜる。

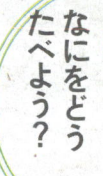

いろんな味《あじ》をつくってみよう

牛乳《ぎゅうにゅう》とヨーグルトの量《りょう》を変《か》えたり、好《す》きなたべものをまぜたりして、あたらしい味《あじ》をつくってみよう。

量《りょう》を変《か》える

牛乳《ぎゅうにゅう》を多《おお》めにしてヨーグルトを少《すく》なめにする（その逆《ぎゃく》も）など、まぜる量《りょう》を変《か》えてみよう。味《あじ》はどう変《か》わるかな？

好《す》きなものをまぜてみる

小《ちい》さく切《き》ったくだものを入《い》れてみたり、ジャムやきな粉《こ》をまぜたり、好《す》きな味《あじ》のものをいろいろまぜてみよう。

肉《にく》をたべる

動物《どうぶつ》のからだが肉《にく》に

人《ひと》は、身近《みぢか》にいるいろんな動物《どうぶつ》の肉《にく》をたべて生《い》きてきた。ほにゅう類《るい》、鳥《とり》、魚《さかな》、貝《かい》、虫《むし》、虫《むし》の幼虫《ようちゅう》……。大《おお》きな動物《どうぶつ》から小《ちい》さな動物《どうぶつ》のからだが、「肉《にく》」としてたべられる。ここに描《えが》かれている動物《どうぶつ》はすべて、人《ひと》がたべてきたものばかりだ。

肉《にく》は、動物《どうぶつ》を殺《ころ》さなければたべることができない。きみがよくたべる肉《にく》は、どんな動《どう》物《ぶつ》の肉《にく》だろう？　それはどこからきて、どうやって殺《ころ》されてたべものになるのか。考《かん》えたことはあるかな？

なにをどうたべよう?　2

おいしくへんしん!

くし焼《や》き

竹《たけ》ぐしになんでもさして焼《や》いてみよう。大昔《おおむかし》の人《ひと》が、しとめたえものを木《き》の枝《えだ》にさして焼《や》いてたべたのと同《おな》じだね。

用意《ようい》するもの

カセットコンロなど直火《じかび》のもの
焼《や》きあみ
竹《たけ》ぐし
スプーン
ほうちょう
まな板《いた》
コンロ
あぶら

◆材料《ざいりょう》（つくりたい人数分《にんずうぶん》）

好《す》きな具材《ぐざい》（好《す》きな肉《にく》、えび、ミニトマト、ソーセージ、きのこ、にんじん、かぼちゃ、たまねぎ、長《なが》ねぎなど）……たべたいだけ

油《あぶら》（ごま油《あぶら》やサラダ油《あぶら》など）……適量《てきりょう》

1 切《き》る

具材《ぐざい》をたべやすい大《おお》きさに切《き》る。肉《にく》はひと口《くち》でたべられる大《おお》きさくらいに、かぼちゃやにんじんなどのかたい野菜《やさい》はうすめに切《き》ると焼《や》けやすい。

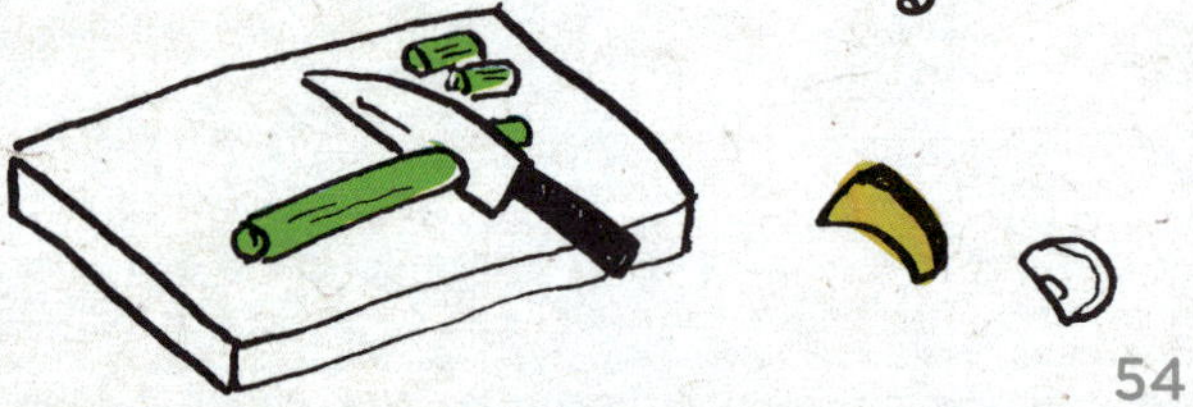

2 竹《たけ》ぐしに具材《ぐざい》をさす

竹《たけ》ぐしに具材《ぐざい》4〜5こくらいをさす。持《も》つところはのこしておく。

3 油《あぶら》をぬる

スプーンで具材《ぐざい》に油《あぶら》をぬる。こうしておくと、かわかず、ジューシーに焼《や》きあがる。

4 焼《や》く

コンロにあみをのせて火《ひ》をつけ、焼《や》き目《め》が少《すこ》しつくまで焼《や》く。

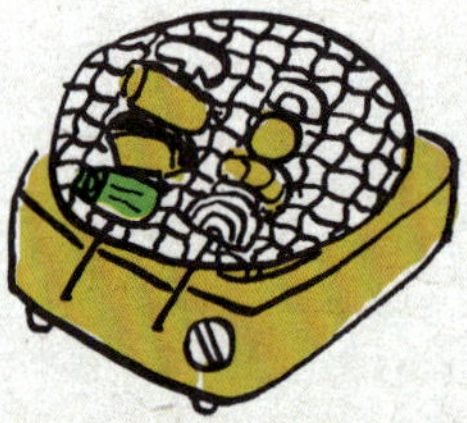

塩《しお》や焼《や》き肉《にく》のタレ、ソースなど
好《す》きなものをつけてたべよう。

いろんなものを焼《や》いてみよう

ほかにどんなものを焼《や》くとおいしいかな？　さしかたも工夫《くふう》してみよう。

りんごやみかん、パン、チーズ、小《ちい》さく切《き》ったもち。

マシュマロはちょっとだけ焼《や》くとおいしい（長《なが》く焼《や》くと溶《と》けてしまう）。

ほかにも焼《や》くとおいしいものを、さがしてみよう。

野《や》菜《さい》をたべる

たべているのはどこだろう?

人《ひと》がたべることのできる植物《しょくぶつ》が野菜《やさい》だ。ふだんたべている野《や》菜《さい》は、植物《しょくぶつ》のほんの一部分《いちぶぶん》だって知《し》っていたかな?

土《つち》のなかの野菜《やさい》

にんじんや大根《だいこん》、ごぼう、いもなど根菜《こんさい》と呼《よ》ばれる野菜《やさい》は、植物《しょくぶつ》の根《ね》がふくらんで実《み》のようになった部分《ぶぶん》をたべる。たまねぎは丸《まる》い球根《きゅうこん》、じゃがいもは地下《ちか》の茎《くき》が大《おお》きくなった部分《ぶぶん》をたべる。

おいしい味《あじ》にする工夫《くふう》

植物《しょくぶつ》は自分《じぶん》の身《み》を守《まも》るために、毒《どく》やにがみを持《も》っているものも多《おお》い。そこで人《ひと》は、自然《しぜん》のなかからたべられる植物《しょくぶつ》をさがし、畑《はたけ》で育《そだ》てながら、おいしくたべやすい味《あじ》にする工夫《くふう》をしてきた。そのおかげで、トマトは皮《かわ》までたべられ、甘《あま》くておいしい野菜《やさい》になったんだ。おいしくするための工夫《くふう》は、いまでもずっとつづけられている。

葉《は》

こまつな

芽《め》

たけのこ

地上《ちじょう》の野菜《やさい》

地上《ちじょう》で太陽《たいよう》をあびて育《そだ》つみどり色《いろ》の葉《は》っぱや、花《はな》が咲《さ》いたあとにできる実《み》などを野菜《やさい》としてたべる。花《はな》やつぼみ、芽《め》をたべる野菜《やさい》もある。きのこは菌《きん》のなかまで、本当《ほんとう》は野菜《やさい》のなかまではない。

つぼみ

ブロッコリー

しいたけ

きのこ

実《み》

トマト

わかめ

海《かい》そう

海《うみ》の野菜《やさい》

わかめやひじき、のり、こんぶなどは海《うみ》のなかで育《そだ》つ海《かい》そう。ほかの野菜《やさい》と同《おな》じように栄《えい》養《よう》がある。

おいしくへんしん！

キャベツいため

野菜《やさい》には、生《なま》のままおいしくたべられるものもあるし、火《ひ》を通《とお》すとたべやすくなるものもある。キャベツはどうかな？

用意《ようい》するもの

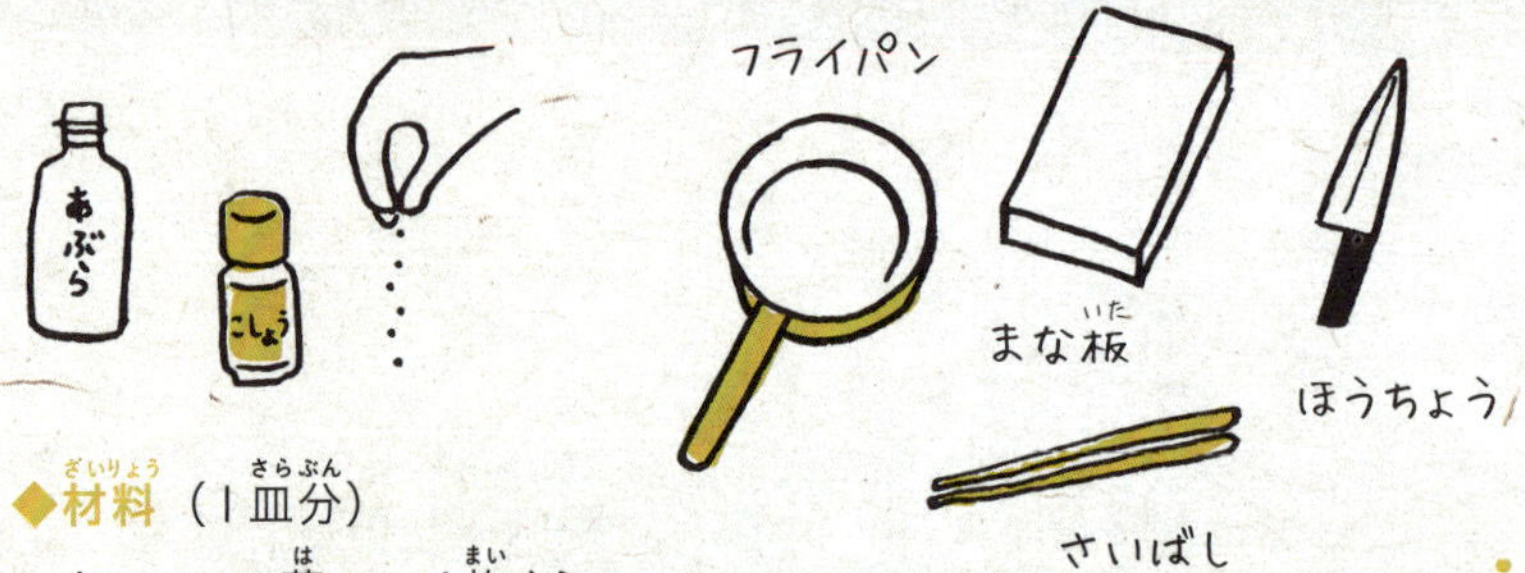
あぶら
こしょう
フライパン
まな板《いた》
ほうちょう
さいばし

◆**材料《ざいりょう》**（1皿分《さらぶん》）

キャベツの葉《は》……4枚《まい》くらい
油《あぶら》……少《すこ》し（フライパンにうすく広《ひろ》げられるくらい）
塩《しお》……ひとつまみ（3本《ほん》の指《ゆび》でつまんだ量《りょう》）
こしょう……パラパラと全体《ぜんたい》にかかるくらい

1 切《き》る

キャベツは葉《は》を1枚《まい》ずつはがして水《みず》で洗《あら》い、たべやすい大《おお》きさに切《き》る。かたい芯《しん》のところはうすく切《き》る。

2 いためる

フライパンに油《あぶら》をうすく広《ひろ》げて火《ひ》にかけ、キャベツを入《い》れる。こげないように、さいばしでときどきキャベツを動《うご》かしながら、いためる。

3 味《あじ》つけ

キャベツがしんなりしてきたら、塩《しお》とこしょうで味《あじ》つけをする。

★油《あぶら》を少《すこ》し使《つか》ってたべものに火《ひ》を通《とお》す料理《りょうり》の方法《ほうほう》を「いためる」と言《い》う。

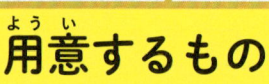

いろんな野菜《やさい》をいためてみよう

キャベツのほかにも、いろんな野菜《やさい》をいためるとおいしい。

味見《あじみ》して、塩《しお》がたりなければたそう

切《き》りかたの工夫《くふう》

にんじんなどのかたい野菜《やさい》は、ピーラーなどでうすく切《き》ると、やわらかくなりやすい。

入《い》れる順番《じゅんばん》のコツ

いろんな野菜《やさい》をいっしょにいためるときは、にんじんなどのかたい野菜《やさい》を最《さい》初《しょ》に入《い》れる。やわらかくなってきたら、キャベツやもやしなど、やわらかくなりやすい野菜《やさい》を入《い》れよう。

もやし

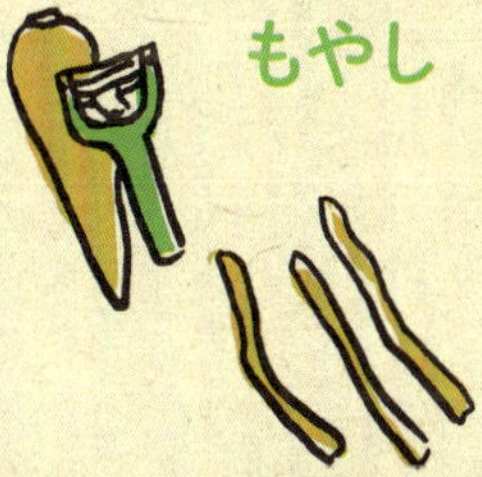

にんじん

ミックス

くだものをたべる

皮《かわ》をむく?
火《ひ》を通《とお》す?

日本《にほん》ではくだものは「皮《かわ》をむいて」「生《なま》のまま」「冷《ひ》やして」たべることがほとんど。だけど世界《せかい》では、バナナは加熱《かねつ》したり、皮《かわ》がうすいりんごやプラム、洋梨《ようなし》などは皮《かわ》のままたべたりする国《くに》も多《おお》いんだ。

おやつはくだもの

のみ水《みず》が手《て》に入《はい》りにくい国《くに》では、くだものは水《みず》のかわりとしてもたべられていた。水《みず》に恵《めぐ》まれている日本《にほん》では、くだものはおやつ。「菓子《かし》」ということばは、もともとくだもののことだったんだ。いまの日本《にほん》では、世界中《せかいじゅう》のくだものがたべられる。甘《あま》くしたり、種《たね》をなくしたり、いろいろなとくちょうのものがつくられている。

みかんはインドで生《う》まれた。世界中《せかいじゅう》に広《ひろ》まり、そのなかまは900以上《いじょう》もあると言《い》われている。日本《にほん》でもっとも多《おお》くたべられているのは、種《たね》のない「うんしゅうみかん」。

柿《かき》は日本原産《にほんげんさん》のくだもの。古《ふる》い遺跡《いせき》からも種《たね》が発見《はっけん》されている。

おいしくへんしん！

こおりバナナ

そのままでもおいしくたべられるくだものだけど、ちょっとひと工夫《くふう》をするだけで、わくわくするデザートに！

1 切《き》る

バナナは皮《かわ》をむいて、たべやすい大《おお》きさに切《き》る。

2 レモン汁《じる》をふりかける

こうしておくと、バナナの色《いろ》を白《しろ》くきれいなまま保《たも》てる。レモン汁《じる》がなければ、かけなくても（ただし、少《すこ》し茶色《ちゃいろ》くなる）。

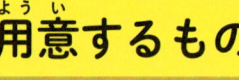

3 ラップでつつむ

2をラップの上《うえ》に並《なら》べる。さらにラップを上《うえ》から1枚《まい》かけてつつみ、冷《れい》とう庫《こ》に3時間《じかん》くらい入《い》れて、こおらせる。

4 もりつけ

こおったバナナを皿《さら》に並《なら》べて、上《うえ》からシロップをかける。

用意《ようい》するもの

◆材料《ざいりょう》（ひとり分《ぶん》）
バナナ……1本《ぽん》
レモンのしぼり汁《じる》……少《すこ》し
シロップ（チョコレートシロップ、はちみつ、黒《くろ》みつなど好《す》きなもの）……好《す》きなだけ

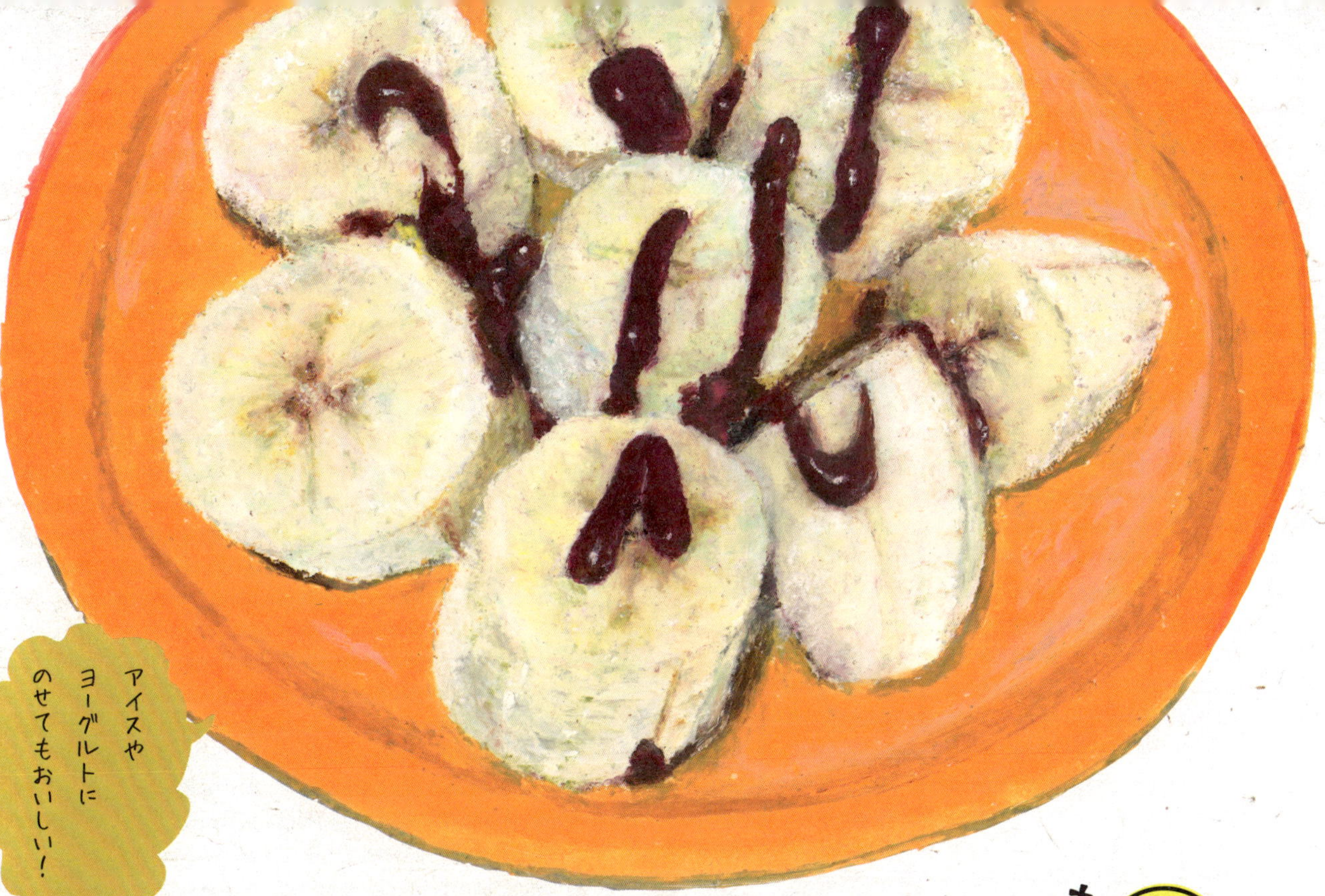

アイスやヨーグルトにのせてもおいしい！

チョット ためしてみよう

ほかのくだものも こおらせてみよう

こおらせるとおいしいくだものは、ほかにどんなものがあるかな？ さがしてみよう。

切《き》ってからこおらせる

こおってからだと皮《かわ》をむいたり、切《き》ったりしにくい。皮《かわ》をむいて、たべやすい大《おお》きさに切《き》ってからこおらせよう。

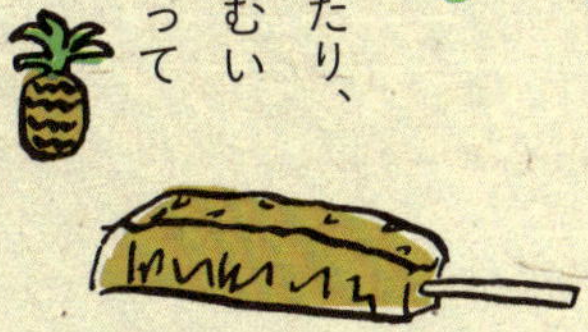

パイナップル

さとうをまぶす

こおらせる前《まえ》にちょっと味見《あじみ》をしてみて、甘《あま》さがたりないと思《おも》ったときは、さとうをまぶしてこおらせてもおいしい。

りんご

みかん

調味料《ちょうみりょう》でおいしくする

塩《しお》

しょっぱい！
くせになる

海《うみ》の水《みず》や岩塩《がんえん》からとれる。保存《ほぞん》のためにも使《つか》われる。

さとう

あま〜い

さとうきびや、さとう大根《だいこん》などからつくられる。

酢《す》

すっぱい

米《こめ》や麦《むぎ》、りんごやぶどうなどからつくられる。

味《あじ》つけのはじまりは塩《しお》

調味料《ちょうみりょう》とは、料理《りょうり》の味《あじ》つけに使《つか》われるもの。とくに塩《しお》は、はるか昔《むかし》から、調味料《ちょうみりょう》として使《つか》われてきた。古代《こだい》ローマでは塩《しお》が金《かね》のかわりに使《つか》われたり、塩《しお》をめぐって戦争《せんそう》まで起《お》きたりしたこともある。塩《しお》はそれほど人《ひと》にとって大切《たいせつ》なものなんだ。

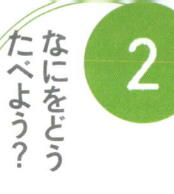

たべものをおいしくするために、塩《しお》のほかにも、さまざまな調味料《ちょうみりょう》が発明《はつめい》されて、料理《りょうり》に使《つか》われている。

さとうや酢《す》、しょうゆにみそ、ソース、ケチャップ、マヨネーズ……。きみはどんな調味料《ちょうみりょう》で味《あじ》つけした料理《りょうり》が好《す》きかな？

ソースとしょうゆは色《いろ》が似《に》ているけれど、材料《ざいりょう》はまるでちがう。好《す》きな味《あじ》の調味料《ちょうみりょう》が、なにからできているのか調《しら》べてみよう。

チョットかんがえてみよう

味《あじ》の決《き》め手《て》は？

それぞれの調味料《ちょうみりょう》の味《あじ》の決《き》め手《て》になるのは、どんなたべものだろう？　調味料《ちょうみりょう》とその材料《ざいりょう》を、線《せん》でつないでみよう。

ヒント 調味料《ちょうみりょう》の色《いろ》やにおいを思《おも》い浮《う》かべながら考《かんが》えてみて。

調味料《ちょうみりょう》	おもな材料《ざいりょう》
ケチャップ	卵《たまご》
マヨネーズ	肉《にく》
ソース	トマト
コンソメ	野菜《やさい》とくだもの

こたえ：ケチャップ＝トマト、マヨネーズ＝卵《たまご》、ソース＝野菜《やさい》とくだもの、コンソメ＝肉《にく》（とり肉《にく》や牛肉《ぎゅうにく》。野菜《やさい》からつくられるコンソメもある）。

調味料《ちょうみりょう》をまぜ合《あ》わせれば、野菜《やさい》サラダにぴったりのドレッシングに。魔女《まじょ》になった気分《きぶん》でつくろう！

おいしくへんしん！

ドレッシング

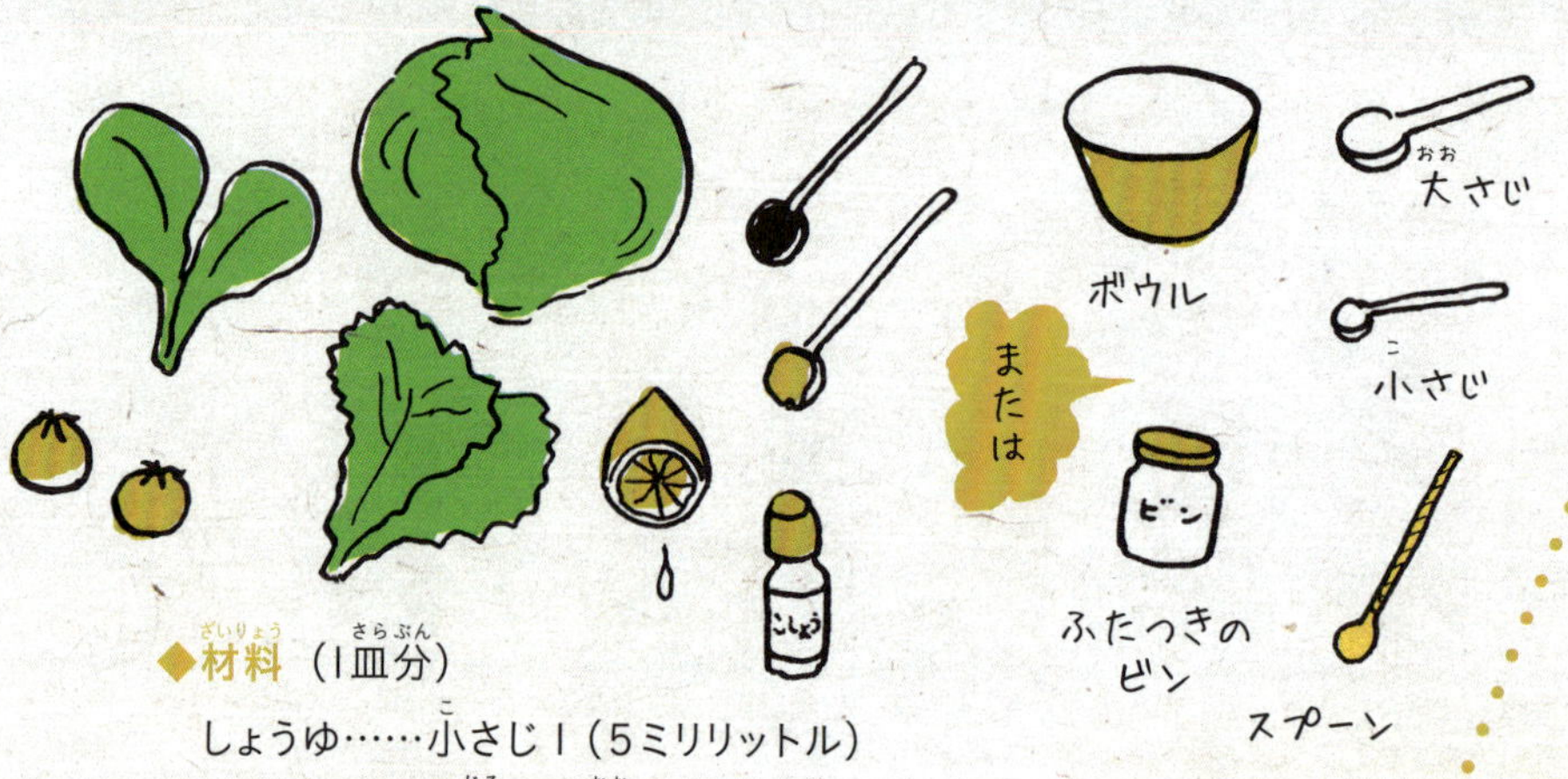
ボウル
大《おお》さじ
小《こ》さじ
または
ビン
ふたつきのビン
スプーン
こしょう

用意《ようい》するもの

◆材料《ざいりょう》（1皿分《さらぶん》）

しょうゆ……小《こ》さじ1（5ミリリットル）
レモンのしぼり汁《じる》……大《おお》さじ1（15ミリリットル）
油《あぶら》……小《こ》さじ1（5ミリリットル）
こしょう……少《すこ》し
サラダ用《よう》の野菜《やさい》（レタス、サラダ菜《な》、きゅうり、トマトなど、生《なま》でたべられる野菜《やさい》いろいろ）……お皿《さら》いっぱいに入《はい》る量《りょう》

1 材料《ざいりょう》を入《い》れる

ボウルに、野菜《やさい》以外《いがい》のドレッシングの材料《ざいりょう》をすべて入《い》れる。

2 まぜる

しっかりかきまぜる。スプーンでまぜてもいいが、ジャムのビンなど、ふたつきの容器《ようき》に入《い》れるとまぜやすい。ふたをしっかりしめ、よくふる。

3 もりつけ

野菜《やさい》をたべやすい大《おお》きさに切《き》ってからお皿《さら》にもりつけ、上《うえ》からドレッシングをかける。

オリジナルのドレッシングをつくろう

どんなドレッシングだとサラダがおいしくたべられるかな？　右《みぎ》のドレッシングにいろいろな材料《ざいりょう》を加《くわ》えて、自分《じぶん》だけのひみつの味《あじ》をつくってみよう。

香《かお》りがよくなる材料《ざいりょう》

ごま、焼《や》きのり（ちぎって入《い》れる）、青《あお》のりなどを少《すこ》し加《くわ》えると香《かお》りのよいドレッシングに。

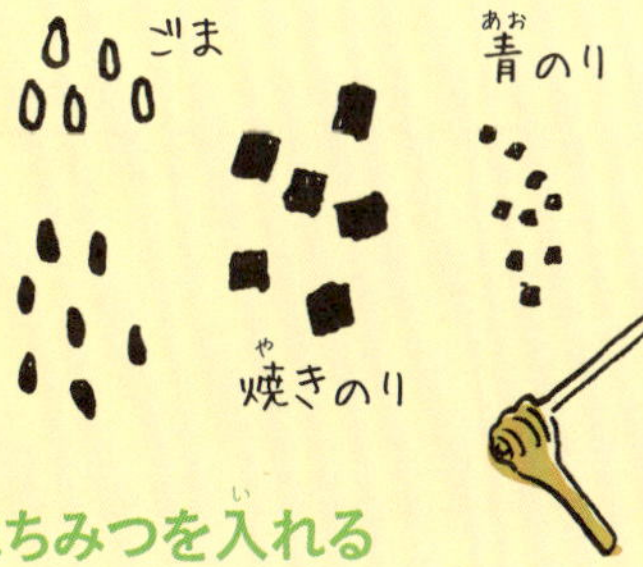

はちみつを入《い》れる

レモン汁《じる》のすっぱさがおさえられて、やわらかい味《あじ》に。

レモン汁《じる》のかわりにジュース

オレンジジュースを使《つか》うと、にんじんサラダに合《あ》うドレッシングの完成《かんせい》。

3

おいしく長《なが》持《も》ち！

どんなたべものにも寿命《じゅみょう》がある。寿命《じゅみょう》をすぎたたべものは、もとの味《あじ》と変《か》わってしまうばかりか、人《ひと》にとって毒《どく》になってしまうこともある。

昔《むかし》の人《ひと》たちは、たべものの寿命《じゅみょう》をなんとかのばせないかって考《かんが》えた。そして生《う》まれたのが「保存食《ほぞんしょく》」と呼《よ》ばれる長持《ながも》ちするたべもの。長持《ながも》ちさせるためにどんな工夫《くふう》をしているのか見《み》てみよう。

3 おいしく長《なが》持《も》ち！

古《ふる》くなるとおいしくない？

たべものが「悪《わる》くなる」ってどういうこと？

たべのこしたごはんを、そのまま食卓《しょくたく》に置《お》きっぱなしにしておくとどうなるかな？

いやなにおいがしたり、ヘンな色《いろ》になったり、カサカサにかわいたりして、ぜんぜんおいしそうじゃなくなるね。そのうえ、口《くち》に入《い》れるとおなかをこわすこともある。つまり人《ひと》にとって毒《どく》になってしまうんだ。

たべものは生《い》きている。だから時間《じかん》がたつにつれてどんどん

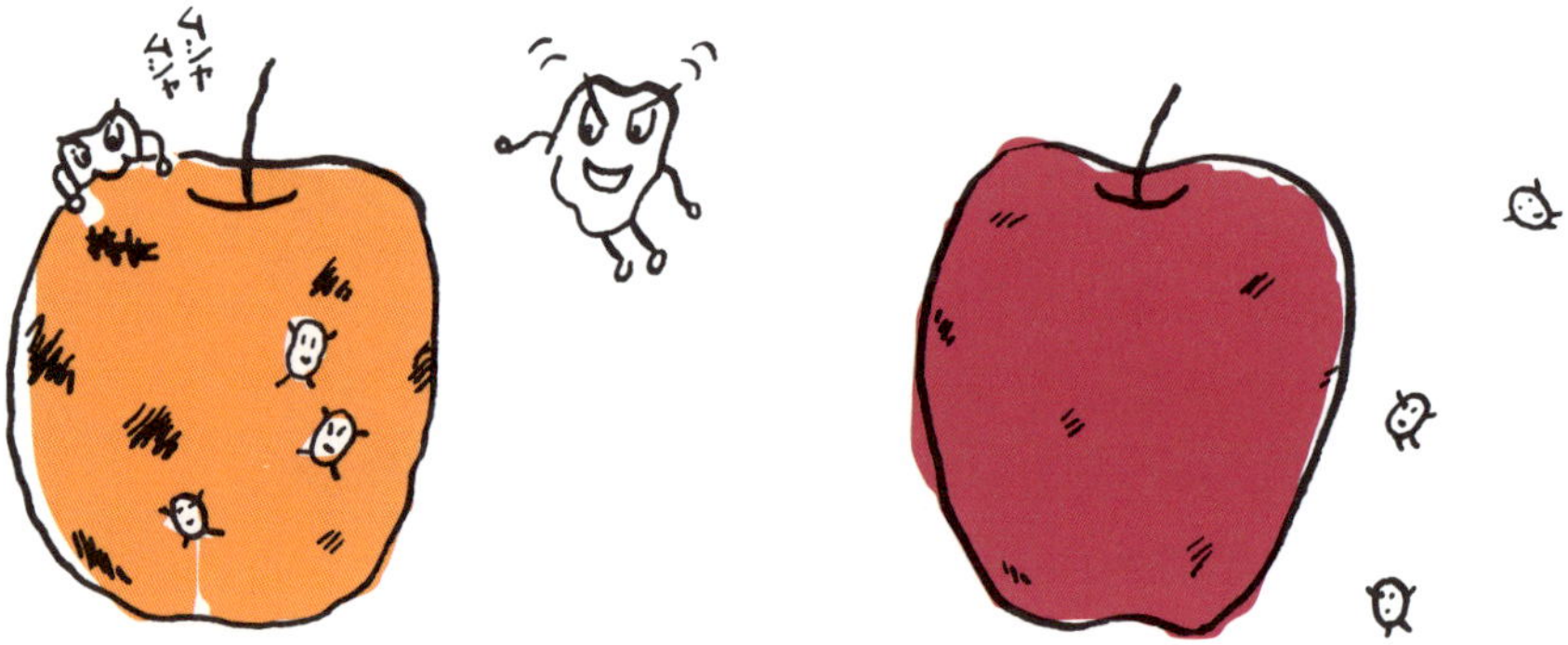

細菌《さいきん》もカビも、空気《くうき》があってあたたかく、じめじめしたところが大好《だいす》き！

くさる、カビると毒《どく》になる

たべものをくさらせる犯人《はんにん》は細菌《さいきん》だ。バイ菌《きん》とも呼《よ》ばれる。たべものに細菌《さいきん》がつくと、たべものの栄養《えいよう》をもとにして細菌《さいきん》がどんどんふえていく。そのとちゅうで、人《ひと》にとって毒《どく》になる物質《ぶっしつ》ができて、においもくさくなる。これが「くさっている」という状態《じょうたい》。

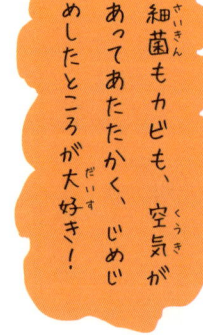

変化《へんか》して、たべられない状態《じょうたい》になっていくんだ。
たべものが悪《わる》くなるまでにどのくらい時間《じかん》がかかるのかは、種類《しゅるい》や季節《きせつ》によってもちがう。たべものが悪《わる》くなってしまう理《り》由《ゆう》には、おもに次《つぎ》のようなものがあるよ。

空気《くうき》にふれると**サビる**

たべものは、空気《くうき》（とくに空気《くうき》にふくまれる酸素《さんそ》）にふれると、少《すこ》しずつサビていく。開《あ》けてしばらくたったポテトチップスやチョコレート、古《ふる》くなったからあげなど、油《あぶら》を使《つか》ったたべものはとくにサビやすい。味《あじ》が悪《わる》くなるだけでなく、サビたものをたべると、おなかをこわすこともある。

しなびるとおいしくない

あたらしいレタスはシャキシャキしておいしいけれど、時間《じかん》がたつにつれて、葉《は》っぱがしおれて黄《き》色《いろ》くなっていく。こうなると、シャキシャキした歯《は》ざわりが失《うしな》われて、おいしさも減《へ》ってしまう。これは野菜《やさい》のなかの水《みず》がぬけてしまうからなんだ。

たべものにカビがつくと、こまかいわた毛《げ》のような糸《いと》や、青《あお》やみどり色《いろ》をしたまだらもようが現《あらわ》れる。これも人《ひと》にとってきほん的《てき》には毒《どく》。

こうすれば長《なが》持《も》ちする

おいしくたべられる時間《じかん》をのばしたい！

たべものは長《なが》い時間《じかん》放《ほう》っておくと悪《わる》くなり、毒《どく》になるものまである。そこで昔《むかし》の人《ひと》たちは考《かんが》えたんだ。「せっかく手《て》に入《い》れたたべものを、できるだけ長《なが》いあいだたべられたらな」ってね。

でも、たべものをくさらせる細《さい》菌《きん》やカビからどうやって守《まも》ればいいのだろう？　どうしたら、たべものがサビたり、しなびたりしないのだろうか？

昔《むかし》の人《ひと》が、たべものを長《なが》くたべられるようにと考《かんが》え出《だ》した、いろいろな工夫《くふう》を見《み》てみよう。

干《ほ》す

太陽《たいよう》の光《ひかり》にあてたり、風《かぜ》にさらしたりして、たべものをかわかす方法《ほうほう》。たべものにふくまれる水《みず》が少《すく》なくなると、たべものをくさらせる細菌《さいきん》が住《す》めなくなるので、たべものはくさりにくくなるよ。

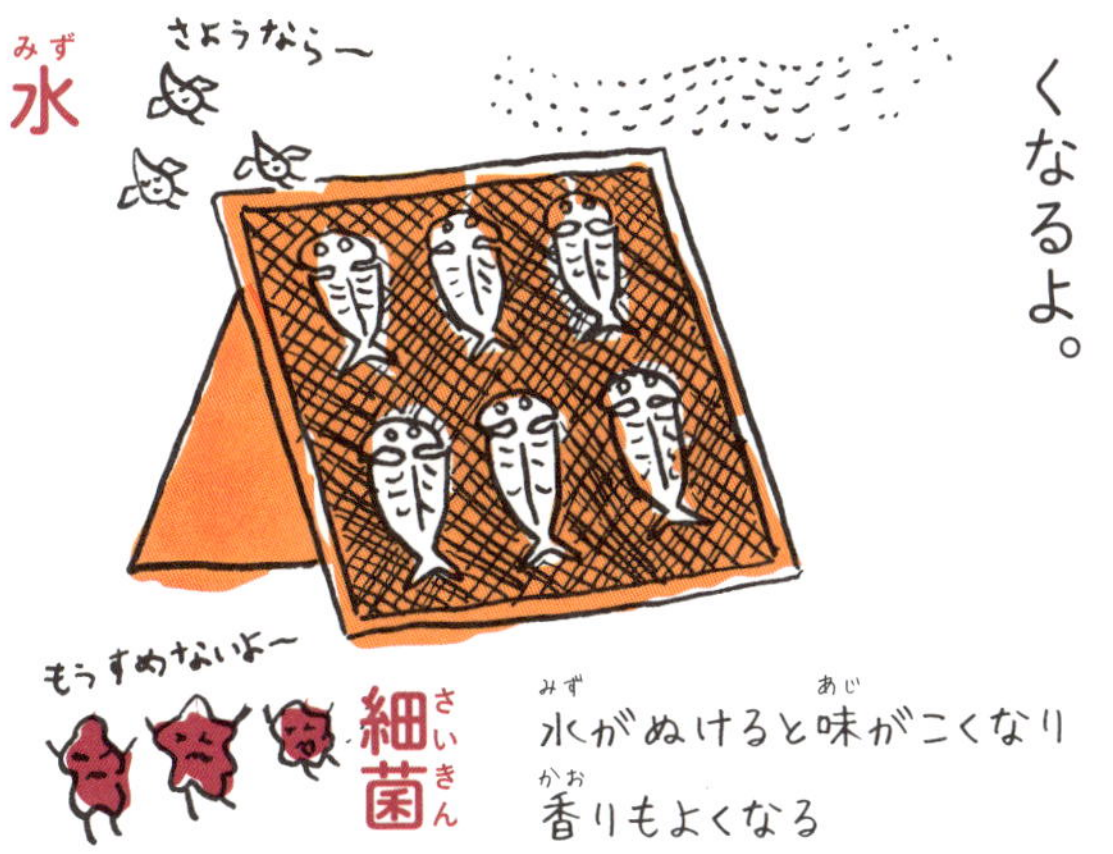
水《みず》
さようなら〜
もうすめないよ〜
細菌《さいきん》
水《みず》がぬけると味《あじ》がこくなり
香《かお》りもよくなる

干《ほ》してできるたべもの

するめ

いかを干《ほ》したものはするめと呼《よ》ばれる。いかの味《あじ》がこくなっておいしい。

ひもの

魚《さかな》は、くさりやすい内《ない》ぞうをとって干《ほ》すと長持《ながも》ちする。

煮干《にぼ》し

カタクチイワシなどの小《こ》魚《ざかな》を煮《に》たものを干《ほ》すと煮干《にぼ》しに。地域《ちいき》によって「いりこ」とも呼《よ》ばれる。

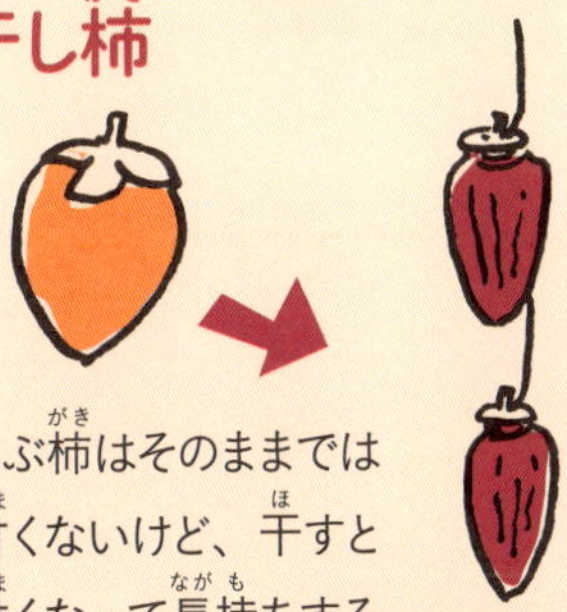

干《ほ》し柿《がき》

しぶ柿《がき》はそのままでは甘《あま》くないけど、干《ほ》すと甘《あま》くなって長持《ながも》ちする。

こんぶ

海《かい》そうのこんぶはカラカラに干《ほ》したものを「だし」として使《つか》う。

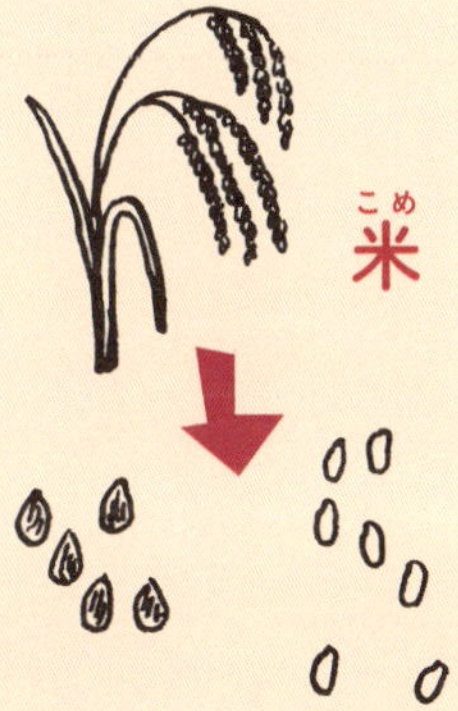

米《こめ》

秋《あき》に収《しゅう》かくする米《こめ》は、干《ほ》してかわかしておくと長持《ながも》ちして、次《つぎ》の秋《あき》までたべられる。

漬《つ》ける

塩《しお》や酢《す》、さとう、しょうゆなどの調味料《ちょうみりょう》には、くさるのを防《ふせ》ぐ力《ちから》がある。たべものをびんに入《い》れ、これらの調味料《ちょうみりょう》をたっぷり加《くわ》えて漬《つ》けると、細菌《さいきん》やカビがふえないからたべものが長持《ながも》ちする。さらに調味料《ちょうみりょう》の味《あじ》もしみこんで、おいしくなるよ。

塩《しお》、酢《す》、さとう、しょうゆ、お酒《さけ》……などのいろいろな調味料《ちょうみりょう》に漬《つ》ける

漬《つ》けてできるたべもの

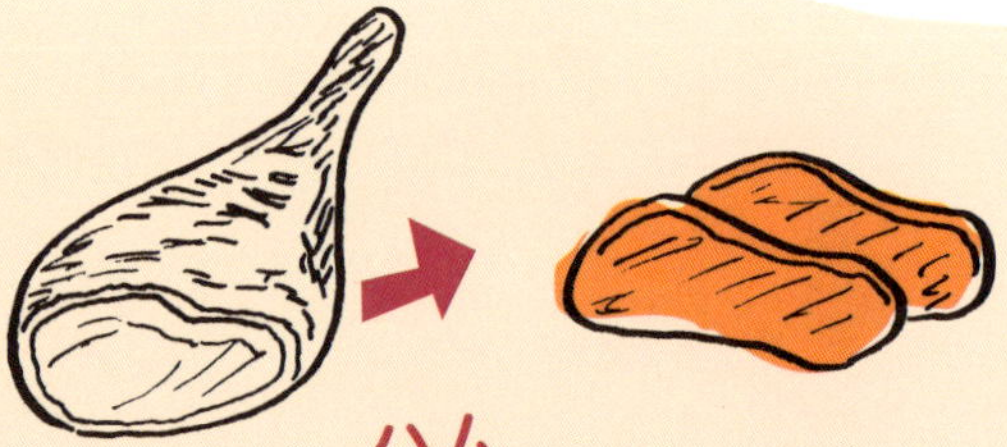

ハム

肉《にく》を塩《しお》漬《づ》けにするとハムになる。

らっきょう漬《づ》け

らっきょうを酢《す》と塩《しお》に漬《つ》けるとらっきょう漬《づ》けに。

シロップ漬《づ》け

くだものをさとうに漬《つ》けるとシロップ漬《づ》けになる。

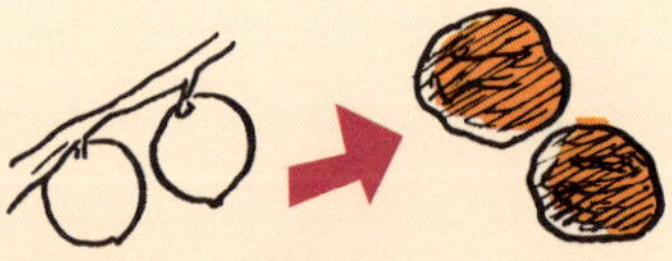

梅干《うめぼ》し

梅《うめ》の実《み》を干《ほ》してから塩《しお》漬《づ》けにしたものが梅干《うめぼ》し。

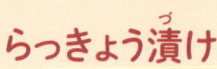

発酵《はっこう》する

細菌《さいきん》のなかには、たべものをくさらせる原因《げんいん》になる菌《きん》のほかにも、人《ひと》の生活《せいかつ》に役立《やくだ》つはたらきをするものもいるよ。それらは、たべものをおいしい味《あじ》に変《か》えたり、長持《ながも》ちさせたりするすごい力《ちから》を持《も》っているんだ。そのはたらきは「発酵《はっこう》」と呼《よ》ばれ、いろいろなたべものをつくるために利用《りよう》されている。

たべものを守《まも》るよい菌《きん》
でていけ〜
ひや〜
たべものをくさらせる菌《きん》

発酵《はっこう》するための菌《きん》（乳《にゅう》酸菌《さんきん》など）を加《くわ》えることもあるし、漬《つ》けるだけで自然《しぜん》に発酵《はっこう》するものもあるよ。

発酵《はっこう》してできるたべもの
牛乳《ぎゅうにゅう》
MILK
大根《だいこん》
だいず
チーズ
ヨーグルト
たくあん
漬《つ》けもの
しょうゆ
なっとう
みそ

干《ほ》しなっとう

発酵《はっこう》しているなっとうは、そのままでも保存《ほぞん》食《しょく》だけど、干《ほ》すとさらに長持《ながも》ちする。ぽりぽりおやつみたいな干《ほ》しなっとうをつくってみよう。

用意《ようい》するもの

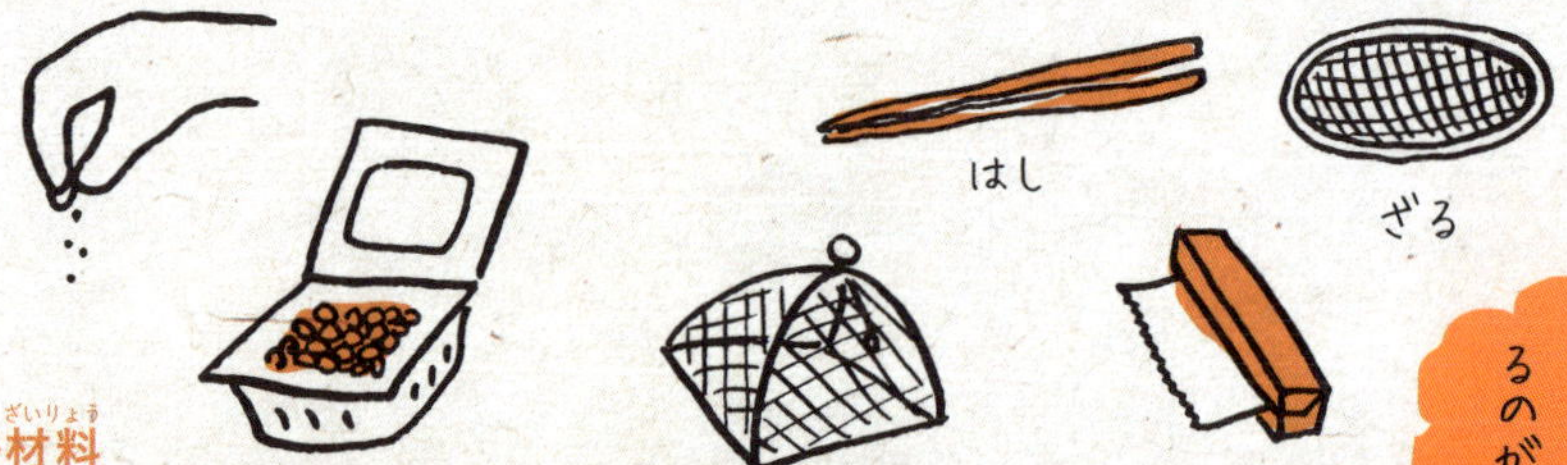

◆材料《ざいりょう》

なっとう……1パック

塩《しお》……ひとつまみ（3本《ぼん》の指《ゆび》でつまんだ量《りょう》）

じめじめして暑《あつ》い季節《きせつ》はにおいがきつくなる。秋《あき》のおわりから冬《ふゆ》につくるのがおすすめ

1 なっとうに塩《しお》をかけてはしでまぜる

2 シートに広《ひろ》げる

ざるにクッキングシートをしき、その上《うえ》になっとうをはしでほぐしながら広《ひろ》げる。

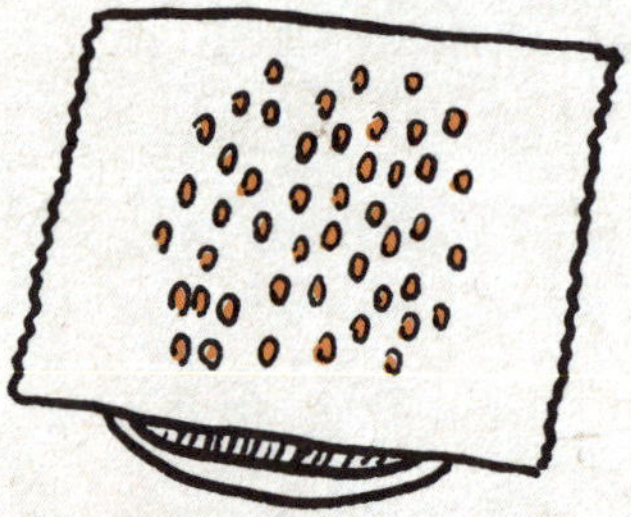

3 なっとうを干《ほ》す

あみをかぶせて、日当《ひあ》たりと風通《かぜとお》しのよいところにおく。日《ひ》がかげったら家《いえ》のなかに入《い》れて、翌朝《よくあさ》また外《そと》に出《だ》す。

雨《あめ》がふってきたら家《いえ》のなかに入《い》れよう

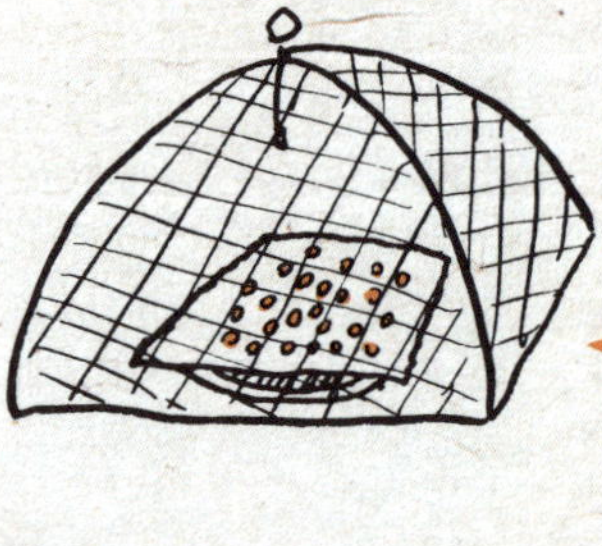

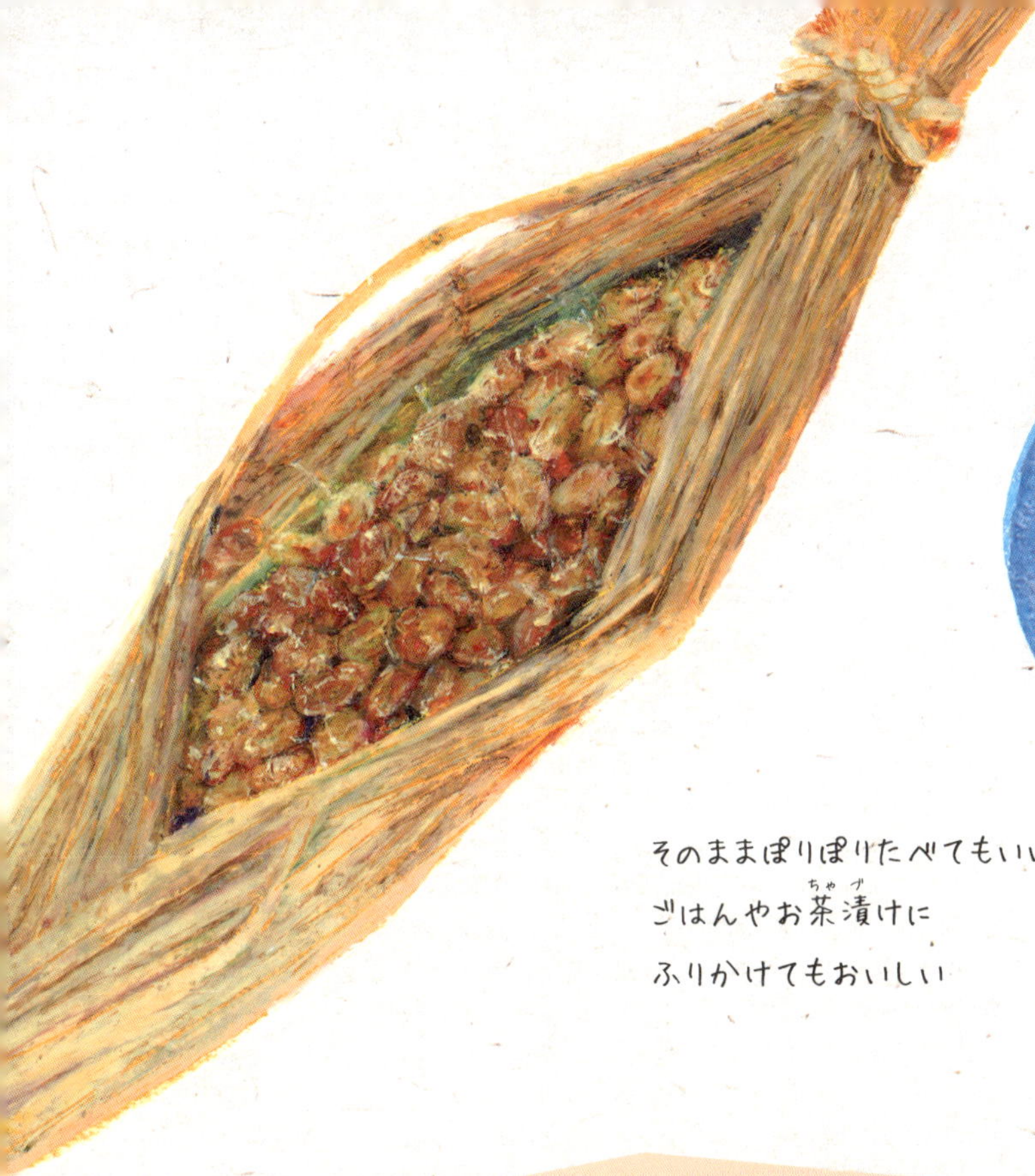

そのままぽりぽりたべてもいいし、
ごはんやお茶《ちゃ》漬《づ》けに
ふりかけてもおいしい

冬《ふゆ》の晴《は》れた日《ひ》ならだいたい
2〜3日《にち》で完成《かんせい》するよ

4 ほぐす

3を何日《なんにち》かくりかえして、カリカリにかわいたら完成《かんせい》。くっついているところは、手《て》でひと粒《つぶ》ずつバラバラにしてほぐそう。

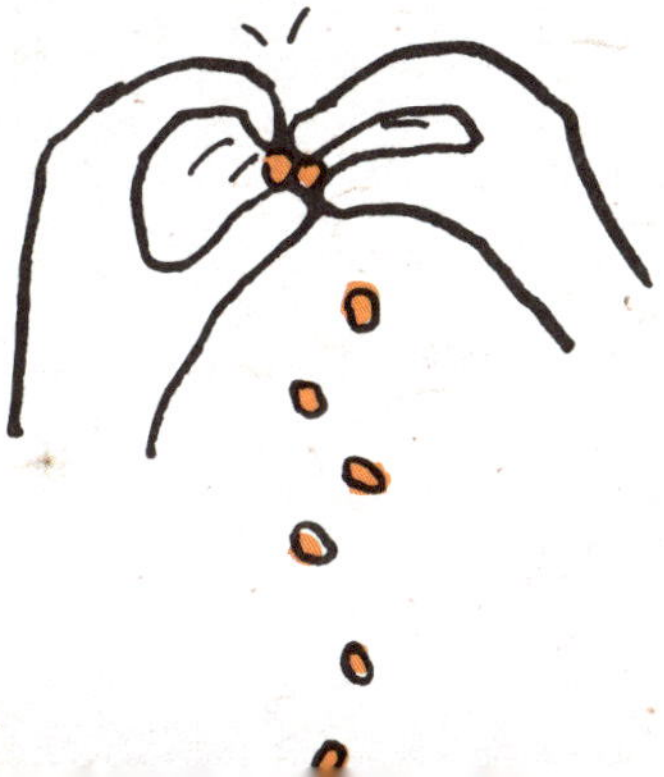

いろいろな野菜《やさい》を干《ほ》してみよう

干《ほ》しなっとうと同《おな》じように、切《き》った大根《だいこん》、にんじん、れんこん、キャベツなど、好《す》きな野菜《やさい》を干《ほ》してみよう。そのままたべるときと、味《あじ》はどう変《か》わるかな？
干《ほ》した野菜《やさい》は、みそ汁《しる》やスープなどに入《い》れたり、ごはんをたくときにいっしょに入《い》れたりしてもおいしいよ。

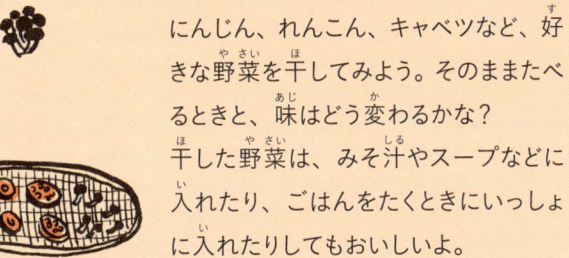

ためしてみよう チョット

いちごのシロップ漬《づ》け

そのままだと傷《いた》みやすいくだものが、シロップに漬《つ》けるだけで、くさりにくくなる。甘《あま》くて長持《なが》ちするシロップ漬《づ》けをつくってみよう。

用意《ようい》するもの

◆材料《ざいりょう》（1リットルの保存《ほぞん》びん1びん分《ぶん》）

いちご……300グラム

氷《こおり》ざとう……300グラム

保存《ほぞん》びん（ふたがぴったり閉《し》まるもの）

ほうちょう

使《つか》う前《まえ》にびんをなべに入《い》れ、熱湯《ねっとう》でぐらぐらと煮《に》る煮沸消毒《しゃふつしょうどく》をしておくと、びんにバイ菌《きん》がいなくなって安心《あんしん》。大人《おとな》に手伝《てつだ》ってもらおう

1 いちごを水《みず》で洗《あら》って水気《みずけ》をふきとる

2 へたをとる

3 びんに入《い》れる

保存《ほぞん》びんに、いちご→氷《こおり》ざとう→いちご→氷《こおり》ざとうの順《じゅん》に入《い》れる。

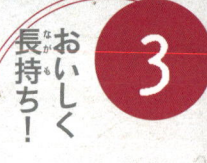

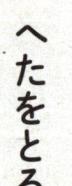

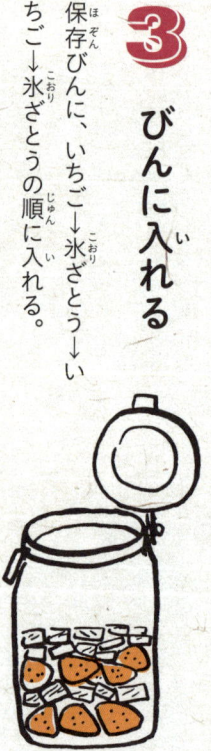

ほかのくだものでもつくってみよう

同《おな》じつくりかたで、ほかのくだものでもためしてみよう。りんご、キウイ、梅《うめ》、みかん、パイナップル……。いろんなくだものを、まぜてつくってみるのもいいね。

ヨーグルトやかき氷《ごおり》に
かけるとおいしい!
牛乳《ぎゅうにゅう》をまぜると
いちごミルクになるよ

4 冷《れい》ぞう庫《こ》に入《い》れる

ふたをして冷《れい》ぞう庫《こ》に入《い》れる。びんを1日《にち》1回《かい》ゆすり、5～7日《か》たって氷《こおり》ざとうがとけたら完成《かんせい》。

3 おいしく長持《ながも》ち！

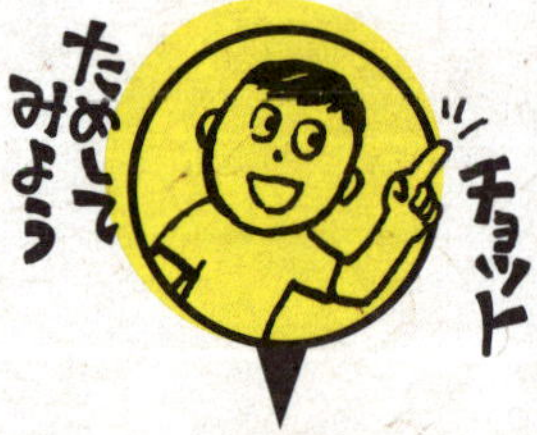

ためしてみよう
チョット

忍《にん》者《じゃ》の兵《ひょう》ろう丸《がん》

「ひとつたべれば1日《にち》分《ぶん》の力《ちから》が出《で》る」という兵《ひょう》ろう丸《がん》は、忍《にん》者《じゃ》のひみつの保《ほ》存《ぞん》食《しょく》。がんばりたい日《ひ》にたべよう！

1 まぜる

すべての材《ざい》料《りょう》をボウルに入《い》れ、スプーンでよくまぜる。

2 丸《まる》める

まとまるていどのかたさになったら、梅《うめ》干《ぼ》しくらいの大《おお》きさに丸《まる》める。

3 オーブンを200度《ど》にあたためる

4 焼《や》く

オーブントレーにクッキングシートをしいて**2**をならべ、こんがりと焼《や》き目《め》がつくまで約《やく》20分《ぷん》焼《や》く。

◆材料《ざいりょう》（直径《ちょっけい》2センチの梅干《うめぼ》しサイズ＝10こ分《ぶん》）

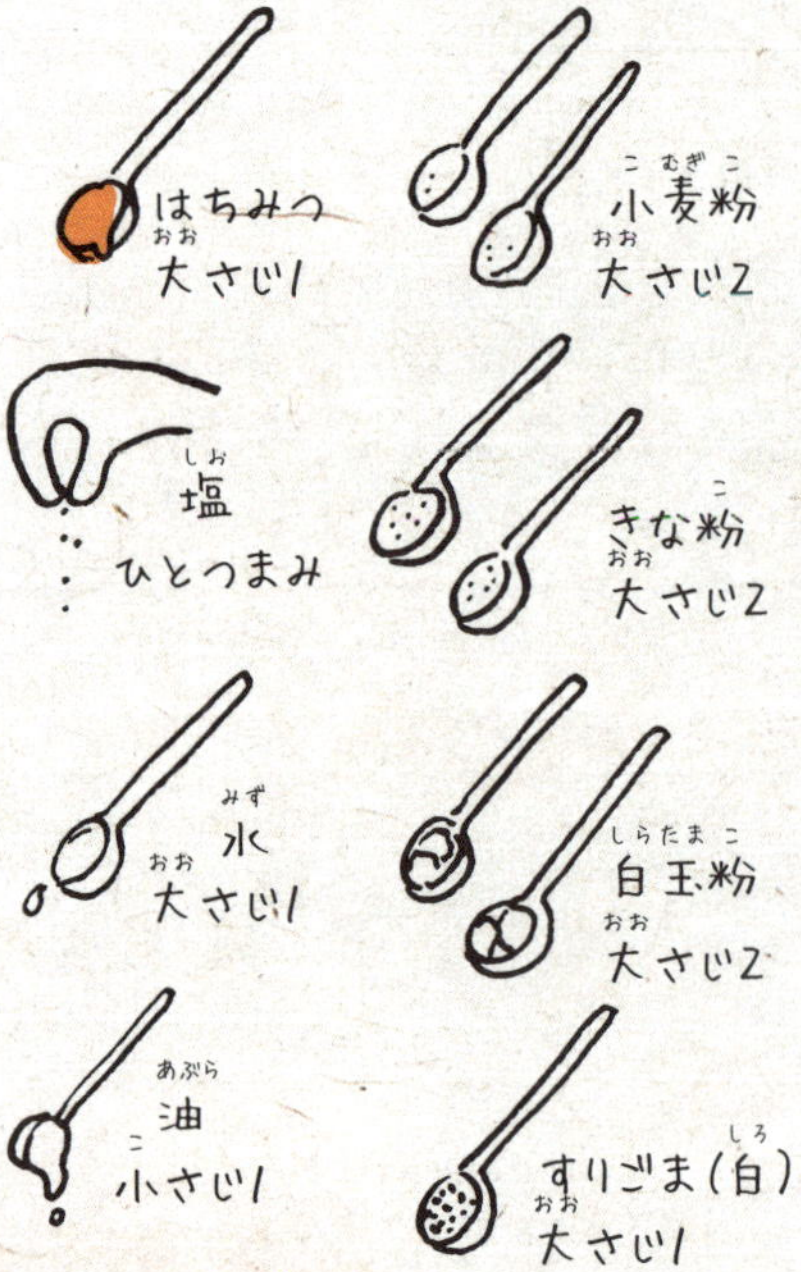

はちみつ
大《おお》さじ1
小麦粉《こむぎこ》
大《おお》さじ2
塩《しお》
ひとつまみ
きな粉《こ》
大《おお》さじ2
水《みず》
大《おお》さじ1
白玉粉《しらたまこ》
大《おお》さじ2
油《あぶら》
小《こ》さじ1
すりごま（白《しろ》）
大《おお》さじ1

ごま油《あぶら》、なたね油《あぶら》などなんでも

用意《ようい》するもの

スプーン
小《こ》さじ
大《おお》さじ
クッキングシート
ボウル
オーブン

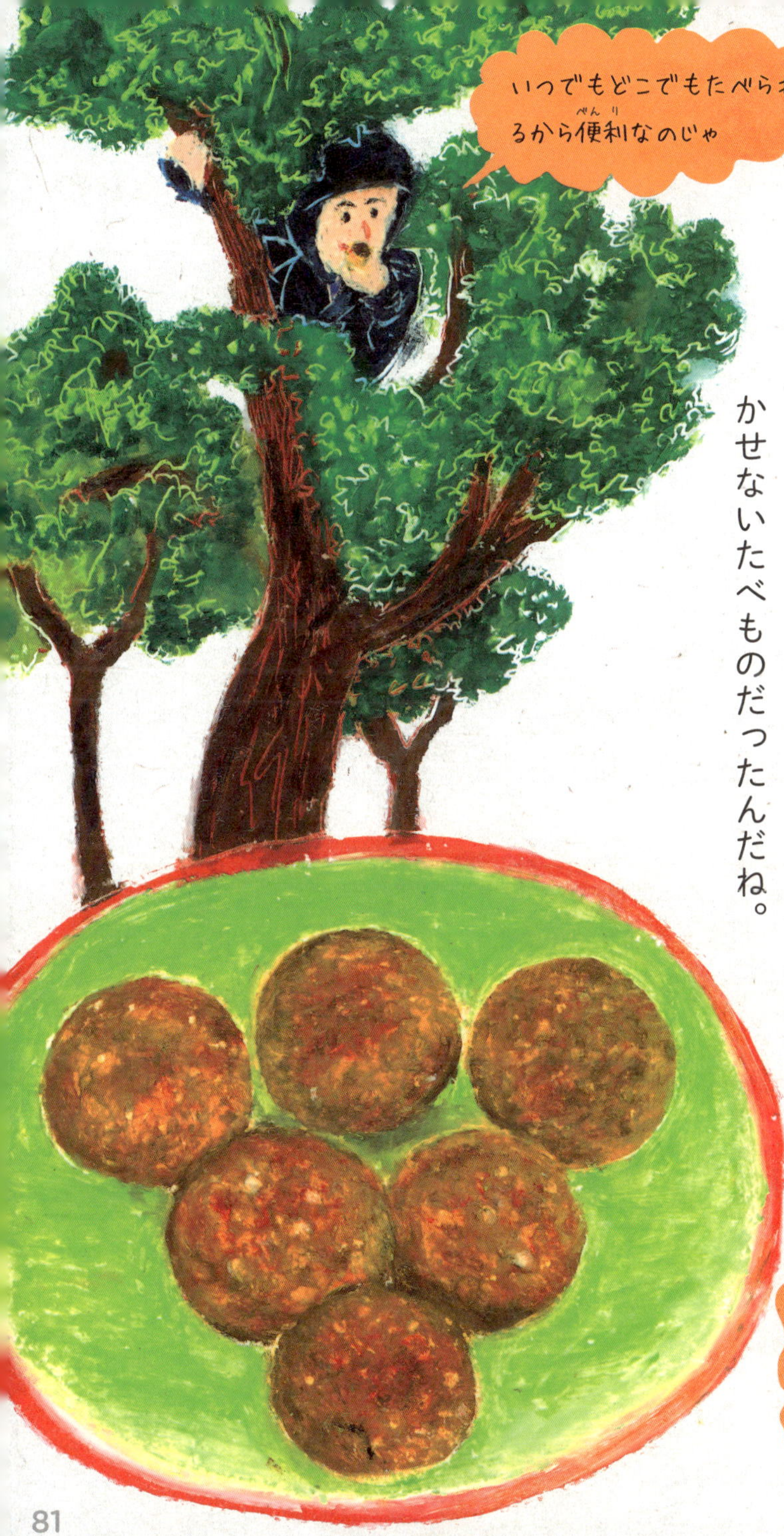
いつでもどこでもたべられるから便利《べんり》なのじゃ

忍者《にんじゃ》のパワーのひみつ

忍者《にんじゃ》はのんびり食事《しょくじ》をしていられない。だから少量《しょうりょう》でも、栄養《えいよう》があって、長《なが》持《も》ちする兵《ひょう》ろう丸《がん》をいつも持《も》ち歩《ある》き、たべられるときにサッとたべていたんだ。

ほんものの兵《ひょう》ろう丸《がん》には、そば粉《こ》や松《まつ》の実《み》、煮干《にぼ》しの粉《こな》、漢方薬《かんぽうやく》……そのほか忍者《にんじゃ》によってひみつの材料《ざいりょう》がいろいろ使《つか》われていたと言《い》われている。忍《にん》者《じゃ》のすごいパワーを支《ささ》えるために、欠《か》かせないたべものだったんだね。

長《なが》持《も》ちさせるためには、カラカラに焼《や》くのがポイント。春夏《はるなつ》は3〜4日《か》、秋冬《あきふゆ》は1週間《しゅうかん》くらい持《も》つ

あたらしい保存《ほぞん》のわざ

長持《ながも》ちさせる方法《ほうほう》を新発見《しんはっけん》!

「おいしいカレーライスがたっぷりできた。来年《らいねん》までとっておきたい!」——そんな願《ねが》いをかなえることができるだろうか。カレーライスを干《ほ》してみる? それとも漬《つ》ける? 発酵《はっこう》させる? ……いやいや、それはちょっとむずかしそうだね。

昔《むかし》ながらの方法《ほうほう》では、カレーライスを長持《ながも》ちさせることはできそうにない。そこで人《ひと》は、さらに進《しん》化《か》した保存《ほぞん》のわざを生《う》み出《だ》した。保存《ほぞん》するために、たべもののもとの味《あじ》や状態《じょうたい》をなるべく変《か》えなくて

缶《かん》づめ

たべものを缶《かん》のなかにとじこめて、空気中《くうきちゅう》の酸素《さんそ》や、くさらせる細菌《さいきん》、カビにふれさせないようにする保存方法《ほぞんほうほう》。缶《かん》ジュースも缶《かん》づめの一種《いっしゅ》だ。

18世紀《せいき》の終《お》わりごろに、フランスで兵士《へいし》のたべものを保存《ほぞん》するために発明《はつめい》された

レトルト食品《しょくひん》

たべものを袋《ふくろ》づめにして、熱《ねつ》や圧力《あつりょく》を加《くわ》えて細菌《さいきん》やカビを殺《ころ》す保存方法《ほぞんほうほう》。カレーなどの調理《ちょうり》ずみのたべものの保存《ほぞん》に使《つか》われることが多《おお》い。

びんづめ

たべものをガラスのびんにつめることで、缶《かん》づめと同《おな》じように、酸素《さんそ》や細菌《さいきん》、カビにふれさせないようにする保存方法《ほぞんほうほう》。スープなどの汁《しる》ものも保存《ほぞん》できる。

保存料《ほぞんりょう》

たべものをつくるとちゅうで、食品保存料《しょくひんほぞんりょう》という長持《ながも》ちさせるための添加物《てんかぶつ》をたべものにまぜることもある。

などを使《つか》って、たべものを一年《いちねん》中冬《じゅうふゆ》のような冷《つめ》たい温度《おんど》で保存《ほぞん》しようと工夫《くふう》してきた。そして20世紀《せいき》になって電気式《でんきしき》の冷《れい》ぞう庫《こ》が発明《はつめい》されると、一気《いっき》に世界《せかい》中《じゅう》に広《ひろ》まったんだ。

かんがえてみよう チョット

もしも冷《れい》ぞう庫《こ》がなかったら？

電気冷《でんきれい》ぞう庫《こ》がなかった時代《じだい》、昔《むかし》の人《ひと》はたべものをこんな知恵《ちえ》を使《つか》って冷《ひ》やしたり保存《ほぞん》したりしていた。いまでも真似《まね》できそうな方法《ほうほう》はあるかな？

川《かわ》の水《みず》で冷《ひ》やす

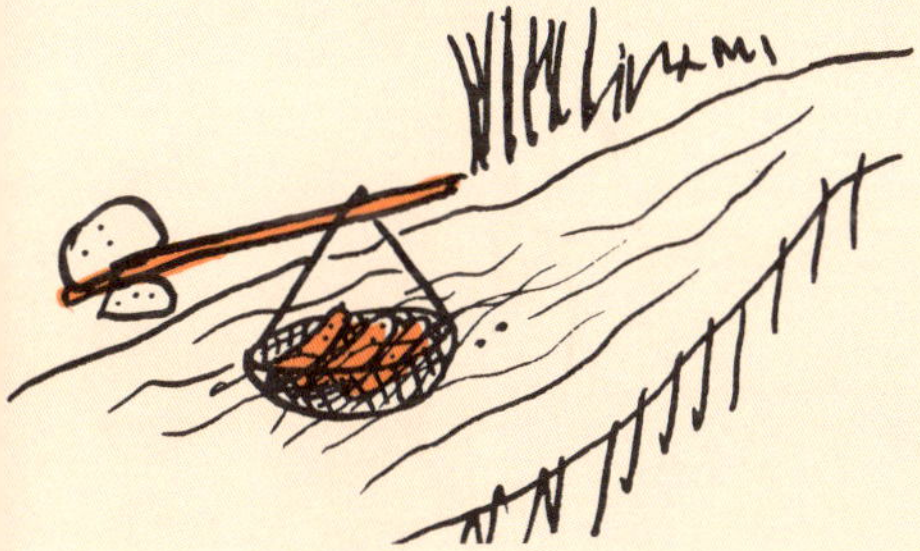

川《かわ》や湖《みずうみ》、井戸《いど》の水《みず》など、自然《しぜん》のなかにある水《みず》は夏《なつ》でも冷《つめ》たい。ざるやたらいに野菜《やさい》やくだものを入《い》れて水《みず》にさらし、冷《ひ》やしていた。

氷《こおり》の小屋《こや》「氷室《ひむろ》」で冷《ひ》やす

冬《ふゆ》にとれる天然《てんねん》の氷《こおり》を「氷室《ひむろ》」と呼《よ》ばれるわらでできた小屋《こや》に集《あつ》め、夏《なつ》までたくわえた。氷室《ひむろ》の氷《こおり》のおかげで、冷《れい》ぞう庫《こ》のない時代《じだい》にも、天皇《てんのう》や貴族《きぞく》などの身分《みぶん》の高《たか》い人《ひと》たちは夏《なつ》にかき氷《ごおり》をたべられたんだ。

氷《こおり》で冷《ひ》やす冷《れい》ぞう庫《こ》

電気冷《でんきれい》ぞう庫《こ》が登場《とうじょう》する前《まえ》に使《つか》われていたのは、木《き》でできた冷《れい》ぞう庫《こ》。上《うえ》の段《だん》に氷《こおり》のかたまりを入《い》れ、下《した》の段《だん》にたべものを入《い》れて冷《ひ》やした。

床《ゆか》の下《した》に保存《ほぞん》

家《いえ》の床《ゆか》の下《した》は涼《すず》しく、温度《おんど》が一年《いちねん》を通《とお》してあまり大《おお》きく変《か》わらない。とくに台所《だいどころ》の床下《ゆかした》は、漬《つ》けものや保存食《ほぞんしょく》などを収納《しゅうのう》するのに向《む》いている。

こおらせると永《えい》久《きゅう》にたべられる!?

冷《れい》とうするとくさらない

冷《れい》ぞう庫《こ》につづいて、たべものをこおらせる冷《れい》とう庫《こ》の発明《はつめい》も、人《ひと》にとって画期的《かっきてき》なできごとだった。

たべものがこおるくらい低《ひく》い温度《おんど》になると、細菌《さいきん》はふえたり、はたらいたりすることができない。だから、こおったたべものはくさらないんだ。

ロシアでは約《やく》3万年前《まんねんまえ》のマンモスが氷《こおり》づけになって見《み》つかったことがある。マンモスの肉《にく》や骨《ほね》、きばなどはほぼ無《む》傷《きず》で、くさっていなかったそうだ。

冷《れい》とう庫《こ》が生《う》まれて、食生活《しょくせいかつ》は大《おお》きく変《か》わった。調理《ちょうり》したたべものをこおらせておけば、たべたいときにあたた

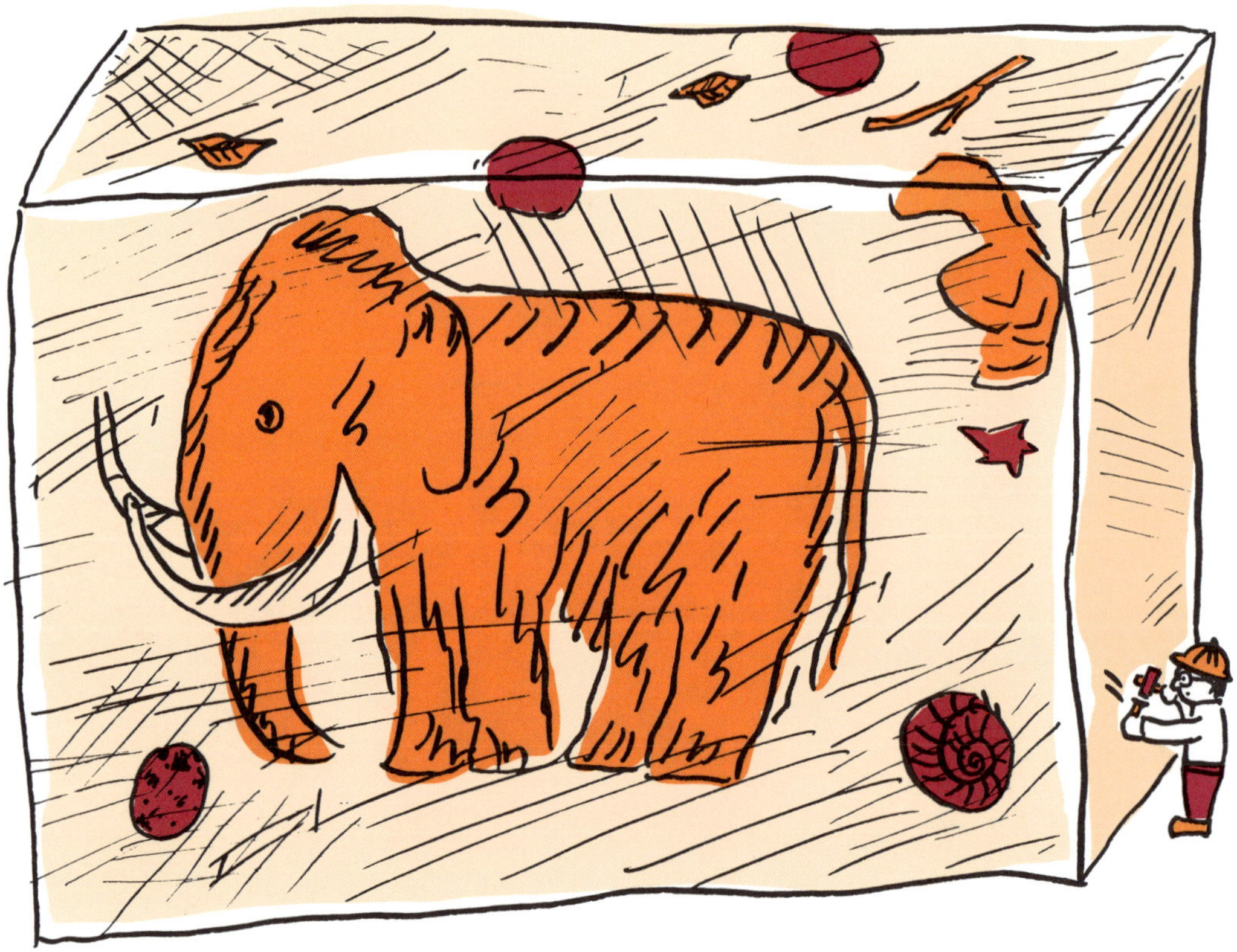

めるだけで、いつでもたべられる。調《ちょう》理《り》したたべものを工場《こうじょう》でこおらせた「冷《れい》とう食品《しょくひん》」もたくさん登場《とうじょう》した。

また、たべものを冷《れい》とうして運《はこ》べば、遠《とお》い外国《がいこく》のたべものも、くさらせずに日本《にほん》まで持《も》ってくることができる。

たとえば魚《さかな》のまぐろは、外国《がいこく》の遠《とお》い海《うみ》でとれたらすぐに船《ふね》の上《うえ》で冷《れい》とうして、漁《りょう》を終《お》えた数《すう》カ月後《げつご》に日本《にほん》に運《はこ》ばれてくる。とかすと、すし屋《や》で人気《にんき》のとろになり、とれたてとほとんど変《か》わらない味《あじ》がたのしめる。

冷《れい》とうまぐろ

やさいなどの材料《ざいりょう》

ミートボールなどのおかず

冷《れい》とうに向《む》かないたべもの

冷《れい》とうすると、舌《した》ざわりや味《あじ》が変《か》わってしまい、冷《れい》とうに向《む》かない食材《しょくざい》もある。

一度《いちど》こおらせると、とかすときに液体《えきたい》が出《で》て、かためる前《まえ》の寒天《かんてん》にもどってしまう。ゼラチンでかためたゼリーなら大丈夫《だいじょうぶ》。

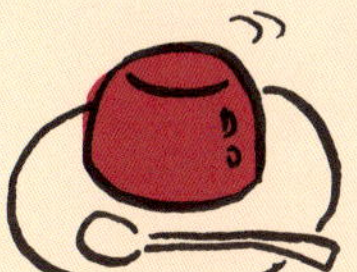

寒天《かんてん》ゼリー

たけのこ

こおらせるとすじっぽくなり、舌《した》ざわりと味《あじ》が悪《わる》くなる。

かまぼこ

こおらせると歯《は》ごたえがなくなり、スポンジのようにスカスカした状態《じょうたい》になってしまう。

ゆで卵《たまご》

ゆで卵《たまご》をこおらせると黄身《きみ》はかたく、白身《しろみ》はスカスカになる。生卵《なまたまご》も冷《れい》とうには不向《ふむ》き。といた卵《たまご》からつくったオムレツや卵焼《たまごや》きは冷《れい》とうできる。

3 おいしく長持《ながも》ち！

たべものの寿命《じゅみょう》はいつまで？

色《いろ》、におい、味《あじ》が変化《へんか》する

お店《みせ》で売《う》っているたべものには、いつまで安全《あんぜん》においしくたべられるかという期限《きげん》が「○年《ねん》○月《がつ》○日《にち》」というふうに示《しめ》されているのを知《し》っているかな？

期限《きげん》には「消費期限《しょうひきげん》」と「賞味期限《しょうみきげん》」の2つがある。「消費期限《しょうひきげん》」は、袋《ふくろ》や容器《ようき》を開《あ》けずに、書《か》かれた保存方法《ほぞんほうほう》を守《まも》って保存《ほぞん》した場合《ばあい》に、その日付《ひづけ》までは安全《あんぜん》にたべられるという目安《めやす》。お弁当《べんとう》やサンドイッチ、ケーキなどの悪《わる》くなりやすいたべものに表示《ひょうじ》されている。

変《へん》化《か》
あたらしくておいしい！
黄身《きみ》も白身《しろみ》もぷるんともり上《あ》がっている。
時間《じかん》がたつにつれて、黄身《きみ》と白身《しろみ》の山《やま》が低《ひく》くなっていく。
まだまだおいしい！
ふつうの卵《たまご》
しんせんな卵《たまご》

「賞味期限《しょうみきげん》」のほうは、保存方法《ほぞんほうほう》を守《まも》って保存《ほぞん》した場合《ばあい》に、変《か》わらずにおいしく食《た》べられる期限《きげん》のこと。お菓子《かし》やチーズ、缶《かん》づめなど、消費期限《しょうひきげん》に比《くら》べて悪《わる》くなりにくいたべものに示《しめ》されている。

あくまでも「おいしく」たべられる期限《きげん》だから、この日《ひ》を過《す》ぎたとたんに、たべられなくなるわけではない。見《み》た目《め》や色《いろ》、におい、味《あじ》などがヘンな感《かん》じでなければ、まだたべることができる。

野菜《やさい》などの農産物《のうさんぶつ》や、家《いえ》で手《て》づくりしたおやつなど、期限《きげん》が表示《ひょうじ》されていないたべものもたくさんある。期限内《きげんない》であっても、「たべられる」「たべられない」を見《み》わけるのは、最終《さいしゅう》的《てき》には自分《じぶん》。色《いろ》やにおい、味《あじ》から見《み》わける感覚《かんかく》もみがいておきたいね。

卵《たまご》の時間《じかん》がたつと……

賞味期限内《しょうみきげんない》なら生《なま》でたべられる

黄身《きみ》を守《まも》っている膜《まく》がうすくなり、山《やま》がさらに低《ひく》くなる。古《ふる》そうに見《み》えたら、火《ひ》を通《とお》してたべよう。

すごく古《ふる》い卵《たまご》

もうたべられない…

黄身《きみ》のまわりの膜《まく》がやぶれ、細菌《さいきん》が侵入《しんにゅう》すると卵《たまご》はくさっていく。

たべものをすてる前《まえ》に

もったいない

ごちそうだ！

まだたべるところがあるのに

一年間《いちねんかん》に約《やく》621万《まん》トン

環境省「平成26年度推計」

○○商店

半分《はんぶん》がお店《みせ》や食品《しょくひん》メーカーから

半分《はんぶん》がみんなの家《いえ》から

たべものはたくさんすてられている

日本《にほん》では、ゴミとしてすてられてしまうたべものが、一年間《いちねんかん》に約《やく》621万《まん》トンもあると言《い》われている。これは、日本人全員《にほんじんぜんいん》が、毎日《まいにち》お茶《ちゃ》わん約《やく》1ぱい分《ぶん》のたべものをすてつづけている量《りょう》になるんだ。なかには、まだたべられるのに、すてられてしまうものもある。世界《せかい》にはたべるものがなくて困《こま》っている人《ひと》もたくさんいるのに、そんなにすてるなんて、もったいないね。

すてられるたべものをなくすには?

どうしたらたべものをすてずにすむか考《かんが》えてみよう。ふだんの生活《せいかつ》で、きみにもできることはきっとある!

たべものを「長持《ながも》ちさせる」

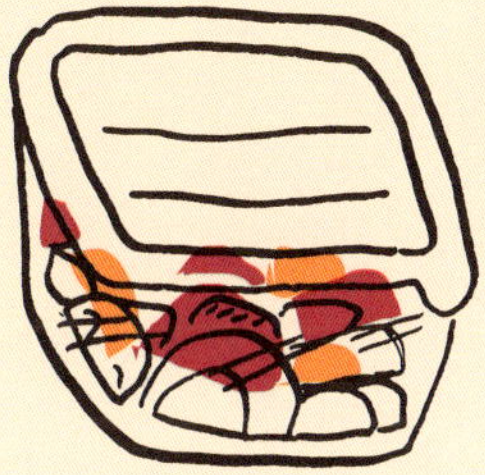

たべきれずに余《あま》ったおかずは容器《ようき》に入《い》れて冷《れい》とうしておく。野菜《やさい》を漬《つ》ける、干《ほ》すといった保存《ほぞん》の知恵《ちえ》なども活用《かつよう》して、たべものをおいしく長持《なが》ちさせよう。

材料《ざいりょう》を「ぜんぶ使《つか》う」

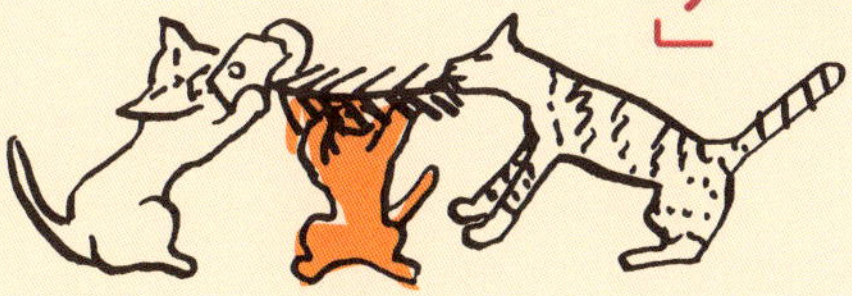

すてるのがあたりまえと思《おも》っている部位《ぶい》をたべる方法《ほうほう》がないか、考《かんが》えてみよう。魚《さかな》の骨《ほね》は、油《あぶら》でからりと揚《あ》げるとおいしい骨《ほね》せんべいに。かぼちゃの種《たね》は、殻《から》のまま焼《や》くだけで中身《なかみ》がおやつになる。

たべものを「たべきる」

出《だ》されたものは、できるだけぜんぶたべきるようにしよう。外食《がいしょく》するときは、たべられる量《りょう》だけ注文《ちゅうもん》することも大切《たいせつ》。

たべものを「買《か》いすぎない」

余《あま》らせないためには、たべものを買《か》いすぎないことが大切《たいせつ》。たべられる分《ぶん》だけ、必要《ひつよう》な分《ぶん》だけを買《か》って、冷《れい》ぞう庫《こ》のなかで一生《いっしょう》を終《お》えてしまうたべものをなくそう。

4

おいしい味《あじ》ってどんな味《あじ》？

どんなたべものにも味《あじ》があるの。きみの好《す》きなたべものは、どんな味《あじ》をしているかな？　口《くち》に入《はい》ったたべものが、おいしい味《あじ》かおいしくない味《あじ》かは、いったいどうやって決《き》まるんだろうね。ここからは、そんな味《あじ》のひみつをさぐっていこう。

甘《あま》いものはおいしい！

みんな大好《だいす》き！ 甘《あま》い味《あじ》

アイスクリームやチョコレート、どら焼《や》きにいちごのショートケーキ、みんなに大人気《だいにんき》のおやつやデザートは、甘《あま》いものばかり。

「味《あじ》」のなかでも、おそらく世界中《せかいじゅう》で一番多《いちばんおお》くの人《ひと》に好《す》かれているのが、甘《あま》い味《あじ》なんじゃないかな？

世界中《せかいじゅう》のどの国《くに》にも甘《あま》いおやつはある。日本《にほん》では甘《あま》い味《あじ》の料理《りょうり》も多《おお》い。すき焼《や》き、てり焼《や》きチキン、ぶたの角煮《かくに》……、どれも甘《あま》いさとうを加《くわ》えてつくる。コーヒーや紅茶《こうちゃ》などののみものに、さとうを入《い》れる人《ひと》もいっぱいいるね。

おやつの甘《あま》さは国《くに》によってちがう。外国《がいこく》のチョコレートやドーナツは日本《にほん》のものよりずっと甘《あま》いものも多《おお》いよ。

赤《あか》ちゃんも甘《あま》い味《あじ》が好《す》き。お母《かあ》さんのおっぱいも甘《あま》い味《あじ》がするんだ。

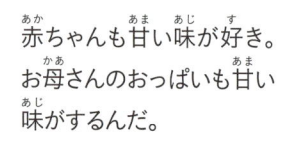

脳《のう》の栄養《えいよう》になる

元気《げんき》にしてくれる

甘《あま》いもの

なぜ甘《あま》いものをたべたくなるの？

子《こ》どもも大人《おとな》も、「甘《あま》いものが好《す》き」という人《ひと》は多《おお》い。それもそのはず。甘《あま》いものは、元気《げんき》を生《う》み出《だ》すエネルギーのもとになる。人《ひと》が元気《げんき》に生《い》きていくために、からだにとって必要《ひつよう》なものだから、どんどんとりこむように、「おいしい味《あじ》」と感《かん》じるようにできているんだ。

つかれたときに甘《あま》いものがほしくならないかな？　いっぱい勉強《べんきょう》したときや、運動《うんどう》をしたあとも、甘《あま》いものがほしくなるね。

とくに子《こ》どもは、成長《せいちょう》するためにたくさんのエネルギーを必要《ひつよう》としている。そのぶん甘《あま》いものがほしいと思《おも》う気持《きも》ちが、大人《おとな》に比《くら》べて強《つよ》くなりがちなんだ。

甘《あま》い味《あじ》にもいろいろある

どんな甘《あま》みが好《す》き？

〝甘《あま》い味《あじ》〟と言《い》えば、どんな味《あじ》が思《おも》いうかぶだろう？　あめ玉《だま》の甘《あま》み、くだものの甘《あま》み、ごはんを長《なが》くかんでいると感《かん》じる甘《あま》みなど、同《おな》じ甘《あま》みと言《い》っても、少《すこ》しずつ味《あじ》がちがうような気《き》がしないかな？

じつは甘《あま》い味《あじ》にも、いろいろ種類《しゅるい》がある。甘《あま》いおやつや料理《りょうり》に使《つか》われる甘《あま》みは、さとうやみりんなどの調味料《ちょうみりょう》として、さまざまな原料《げんりょう》からつくられる。さつまいもやくだもののように、たべものそのものに甘《あま》みがある

甘《あま》い調味料《ちょうみりょう》

お菓子《かし》や料理《りょうり》に使《つか》われる甘《あま》みの正体《しょうたい》。原料《げんりょう》によって味《あじ》や甘《あま》さがちがうよ。

はちみつ
みりん
さとう大根《だいこん》
さとうきび
さとう
メープルシロップ
水《みず》あめ
白《しろ》みその甘《あま》さは米《こめ》から！
白《しろ》みそ

はちみつと水《みず》あめは、見《み》た目《め》がにているけれど、原料《げんりょう》はちがう。

さとうは、さとう大根《だいこん》やさとうきびなどの植《しょく》物《ぶつ》からつくられる。

みりんはもち米《ごめ》からつくられる。

はちみつ……ミツバチが集《あつ》める花《はな》のみつ
水《みず》あめ……米《こめ》やいもからとれる甘《あま》いシロップ

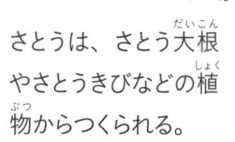

ものもある。ごはんやパンのように、かめばかむほど甘《あま》くなるたべものもある。

　種類《しゅるい》によって甘《あま》みの強《つよ》さや味《あじ》がちがうから、たとえばいちごのすっきりした甘《あま》みは好《す》きだけど、チョコレートのすごく甘《あま》い味《あじ》は好《す》きじゃないというように、人《ひと》それぞれ好《この》みがあるよ。

　きみが好《す》きなのは、どんな甘《あま》さかな？

オレンジジュースじっけん

1　オレンジジュース（果汁《かじゅう》100%《ぱーせんと》の、さとうなど甘《あま》みが入《はい》っていないもの）を、冷《れい》ぞう庫《こ》で冷《ひ》やしてのんでみよう。

2　電子《でんし》レンジであたためてのんでみよう（なべであたためてもいいよ）。

Q

質問《しつもん》　冷《つめ》たいオレンジジュースと、あたためたオレンジジュース、どちらが甘《あま》く感《かん》じたかな？　すっぱさはどう？

説明《せつめい》　くだものの甘《あま》みは、あたためると弱《よわ》まるのがとくちょう。くだものを冷《れい》ぞう庫《こ》で冷《ひ》やしてたべるのは、そのほうが甘《あま》く感《かん》じるからという理由《りゆう》もあるんだよ。いっぽう、さとうの甘《あま》さは人《ひと》の体温《たいおん》に近《ちか》い温度《おんど》のときにもっとも強《つよ》く感《かん》じられると言《い》われているんだ。

かむと甘《あま》くなるたべもの

ごはんやパン、もちを10回《かい》、20回《かい》、30回《かい》……とかむと、だ液《えき》のはたらきで甘《あま》い味《あじ》になる。

甘《あま》いくだもの

みかんやりんごなど、くだものの甘《あま》みはすっきりしている。これは甘《あま》さのもとになるおもな成分《せいぶん》が、さとうとはちがうため。

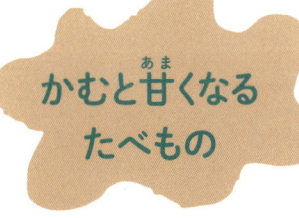

どうして甘《あま》いと感《かん》じるの？

舌《した》の上《うえ》で「味《あじ》」になる

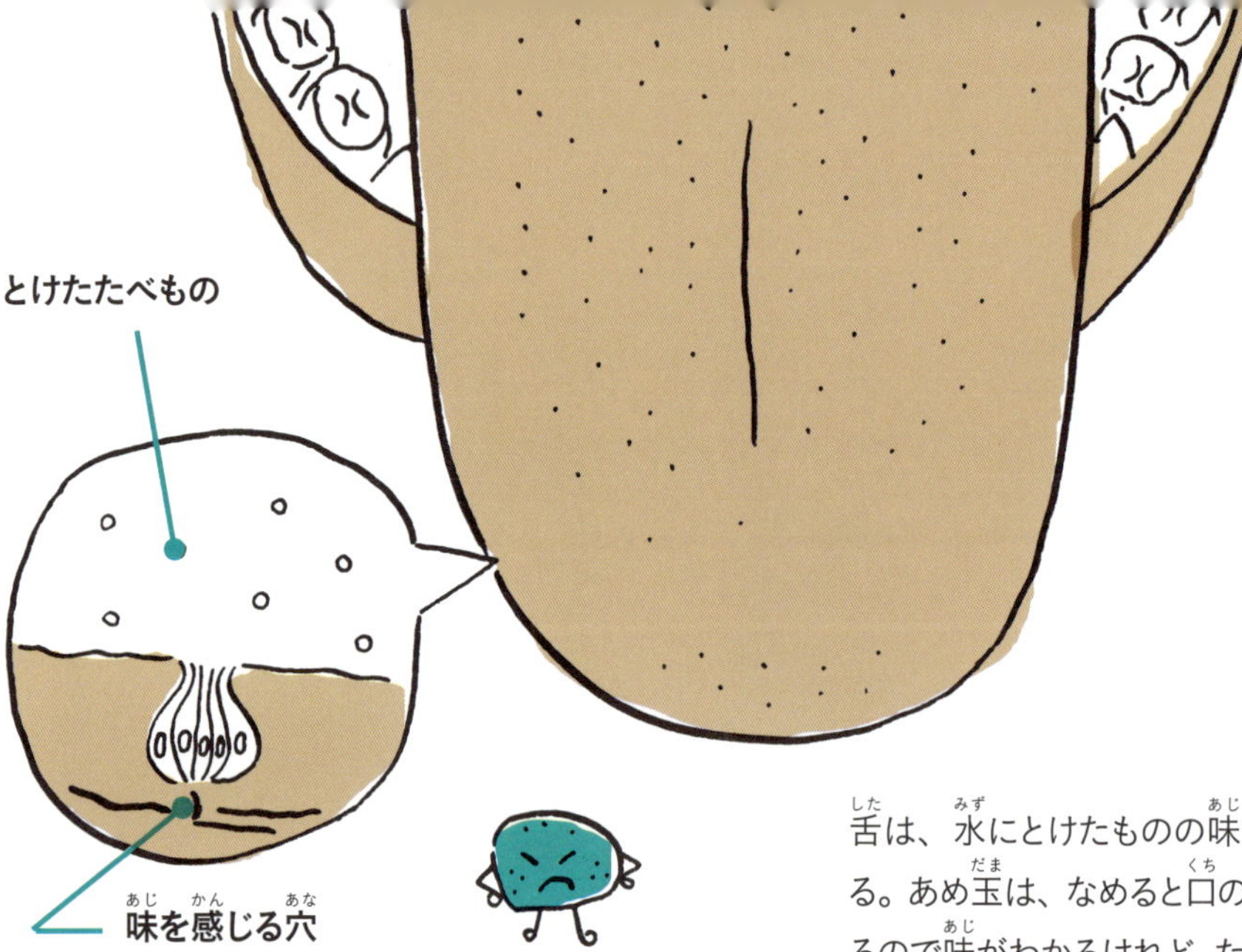
とけたたべもの
味《あじ》を感《かん》じる穴《あな》
甘《あま》い味《あじ》のほか、塩《しお》からい味《あじ》、すっぱい味《あじ》、にがい味《あじ》、うま味《み》も同《おな》じしくみで感《かん》じられる。

舌《した》は、水《みず》にとけたものの味《あじ》だけを感《かん》じる。あめ玉《だま》は、なめると口《くち》のなかでとけるので味《あじ》がわかるけれど、たべものではないビー玉《だま》や小石《こいし》のように水《みず》にとけないものは、なめても味《あじ》がしない。

味《あじ》を感《かん》じるのは、舌《した》のしごと。では舌《した》はいったいどうやって、甘《あま》い味《あじ》が「甘《あま》い」とわかるのだろう？

味《あじ》を感《かん》じるまでの流《なが》れはこうだ。まず、たべもののなかの味《あじ》のもととなるものが、水《みず》やだ液《えき》にとける。そのとけたものが、舌《した》の上《うえ》にある穴《あな》に流《なが》れこむ。そこではじめて、たべものの味《あじ》を感《かん》じられるというわけだ。

さらに、味《あじ》の情報《じょうほう》が頭《あたま》のなかの脳《のう》に届《とど》き、その味《あじ》が甘《あま》いのかすっぱいのか、これまでたべたことがある味《あじ》か、好《す》きな味《あじ》かきらいな味《あじ》かなど、いろんなことを考《かんが》えるんだ。「おいしい」という気《き》持《も》ちになるのも、脳《のう》のはたらきによるものだよ。

舌《した》はとってもつかれやすい

　いっぱい走《はし》るとつかれるね。同《おな》じように、舌《した》も使《つか》いつづけると、つかれてしまうんだ。とくに、甘《あま》い味《あじ》や塩《しお》からい味《あじ》をつづけてたべると、舌《した》はつかれやすいと言《い》われている。

　舌《した》がつかれると、どうなるのだろう？　走《はし》ったあとのような〝つかれた感《かん》じ〟は、舌《した》にはない。そのかわり、舌《した》がつかれると、味《あじ》を感《かん》じる力《ちから》が弱《よわ》くなるんだ。

　甘《あま》いたべものをたべているときに、ひと口目《くちめ》、ふた口目《くちめ》……と最初《さいしょ》のほうは甘《あま》く感《かん》じても、だんだん甘《あま》みが弱《よわ》くなってきたことがないかな？

　これはたべものの味《あじ》が変《か》わったのではなくて、舌《した》がつかれて、甘《あま》みを感《かん》じる力《ちから》が弱《よわ》まってきたからなんだ。

あめ玉《だま》じっけん

あめ玉《だま》を使《つか》って、舌《した》がつかれる感《かん》じを体《たい》験《けん》してみよう！

1　舌《した》の一《いっ》カ所《しょ》に、あめ玉《だま》をおいてそのまま動《うご》かさずにじっとしておく（口《くち》はとじていていいよ）。

2　しばらくすると、あめ玉《だま》がだ液《えき》でとかされて甘《あま》い味《あじ》がしてくるので、どのくらいの甘《あま》さか、覚《おぼ》えておこう。

3　さらに3分《ぷん》くらいかけて、舌《した》をあまり動《うご》かさないようにして、あめ玉《だま》をちょっとずつなめてみよう。

Q

質問《しつもん》　2と3で甘《あま》さはどう変《か》わったかな？

説明《せつめい》　2で感《かん》じた甘《あま》みが、時間《じかん》がたつにつれて弱《よわ》まっていくのが感《かん》じられたかな？

　あめ玉《だま》のようにとても甘《あま》いものをなめているとき、だんだん舌《した》がつかれて甘《あま》さを感《かん》じなくなってくる。とちゅうからガリガリとかみくだきたくなってしまうのは、くだくことでとけるさとうの量《りょう》を多《おお》くして、もっと強《つよ》い甘《あま》みを感《かん》じようとしてしまうからとも言《い》われているんだ。

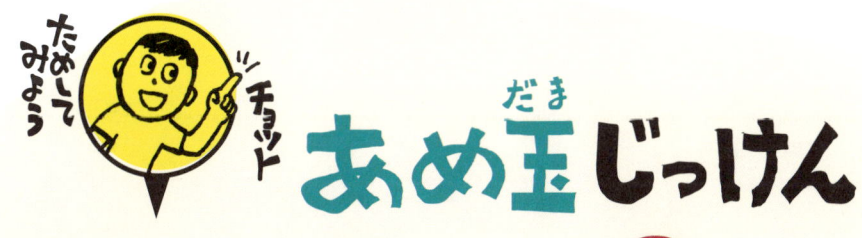

塩《しお》味《あじ》はおいしさの決《き》め手《て》

塩味《しおあじ》のたべもの
漬《つ》けもの
みそ汁《しる》
魚《さかな》の塩焼《しおや》き
しょうゆ
塩味《しおあじ》の調味料《ちょうみりょう》

塩《しお》には殺菌効果《さっきんこうか》があって、たべものを長持《ながも》ちさせるはたらきがある。しょうゆやみそなどの調味料《ちょうみりょう》、漬《つ》けものなどの保《ほ》存食《ぞんしょく》にも使《つか》われる。

塩《しお》からすぎるものはたべられない

塩《しお》をペロッとなめてみたことはあるかな？　そのままだと、ずいぶん塩《しお》からく感《かん》じるね。

この世《よ》で人《ひと》がたべられないものは、「くさったもの、こげすぎたもの、塩《しお》からすぎるもの」と言《い》われている。甘《あま》い味《あじ》は、少《すこ》しくらい甘《あま》すぎてもたべられるのに、塩《しお》からすぎるとたべにくい。それが、塩味《しおあじ》のとくちょうでもある。

ちょうどよい塩《しお》かげんだと、料理《りょうり》はおいしい味《あじ》になる。好《この》みもあるけれど、塩味《しおあじ》がうすすぎても、ものたりない味《あじ》になる。おいしく感《かん》じる塩《しお》かげんにできるかは、料理《りょうり》をする人《ひと》の腕《うで》の見《み》せどころだね。

からだに欠《か》かせない塩《しお》

おいしい味《あじ》にするためだけでなく、塩《しお》は人《ひと》のからだにとって大切《たいせつ》な役目《やくめ》をはたしている。塩《しお》をとりすぎるとからだによくないけれど、たりなくても生《い》きていくことができないんだ。

命《いのち》にかかわることだから、塩《しお》がこすぎたり、うすすぎたりしないように調整《ちょうせい》するはたらきが、からだにはある。

たとえば「のどがかわいた」と感《かん》じるのは、「塩《しお》がこいぞ」というからだからのメッセージ。そういうときは、おしっこの量《りょう》もへる。逆《ぎゃく》に塩《しお》がうすまるとおしっこの量《りょう》がふえる。からだって、うまくできているね。

ためしてみよう
チョット

塩《しお》のたべ比《くら》べをしてみよう!

人《ひと》は大昔《おおむかし》から、海《うみ》の水《みず》を煮《に》つめて塩《しお》をつくってきた。とれる場所《ばしょ》によって成分《せいぶん》がちがうから、当然《とうぜん》、味《あじ》わいもちがう。いまの時代《じだい》、スーパーで売《う》られている塩《しお》には「精製塩《せいせいえん》」という、塩味《しおあじ》のもとになる成分《せいぶん》以外《いがい》をとりのぞいた塩《しお》も多《おお》い。どんなふうに味《あじ》がちがうか味見《あじみ》をしてみよう！

1 「精製塩《せいせいえん》」と書《か》かれた塩《しお》と、そのほかの塩《しお》（「天然塩《てんねんえん》」「自然塩《しぜんえん》」「海塩《かいえん》」「岩塩《がんえん》」「粗塩《あらしお》」など、いろいろな種類《しゅるい》がある）を2つ用意《ようい》しよう。

2 それぞれを、そのままちょっぴりなめてみよう。

3 味《あじ》つけをしていない、きゅうりやトマトなどにふってたべ比《くら》べてみよう。

4 だし汁《じる》やスープなど、ほかの味《あじ》がついたものに加《くわ》えてたべ比《くら》べてみよう。

Q

質問《しつもん》 それぞれの味《あじ》は、どうちがうかな？

S
塩《しお》からいものをたべた翌日《よくじつ》の体重《たいじゅう》をはかってみよう。塩《しお》をうすめようとして水分《すいぶん》をためこむから、体重《たいじゅう》がふえているはず！ おしっこの量《りょう》もへっていないかな？

さわやかな すっぱい味《あじ》

すっぱい味《あじ》でくさりにくい

すっぱい味《あじ》と言《い》うと、どんなたべものを思《おも》いうかべるかな？　レモンや梅干《うめぼ》し？　おすしやもずく酢《す》など、調味料《ちょうみりょう》の「酢《す》」を使《つか》ったたべものもすっぱいね。

すっぱい味《あじ》は、食欲《しょくよく》（たべたい気《き》持《も》ち）を引《ひ》き起《お》こすと言《い》われている。さらに、たべものをくさりにくくするはたらきもある。だから日本《にほん》では、たべものがくさりやすい夏《なつ》に、酢《す》がよく使《つか》われてきたんだ。

苦手《にがて》な人《ひと》が多《おお》いのはなぜ？

赤《あか》ちゃんはおっぱいの甘《あま》い味《あじ》は好《す》

酢《す》めし
梅干《うめぼ》し
もずく酢《す》
すだち
ゆず
レモン
かぼす
すっぱいたべものをいくつ思《おも》いつくかな？

きだけど、すっぱい味《あじ》はいやがる。子《こ》どもは、大人《おとな》に比《くら》べて、すっぱいたべものが苦手《にがて》な人《ひと》が多《おお》いね。いったいなぜだろう？

考《かんが》えられる理由《りゆう》はいくつかある。ひとつは、みかんやいちごなどのくだものは、熟《じゅく》すほど甘《あま》くなり、すっぱいのはまだ熟《じゅく》していないしるしだということ。それに、くさりかけのたべものも、すっぱくなる。

つまり、熟《じゅく》していないものやくさったたべものは、おなかをこわす心《しん》配《ぱい》もあるから、安全《あんぜん》でおいしい甘《あま》い味《あじ》のほうを、自然《しぜん》と求《もと》めてしまうんだね。

味《あじ》の好《この》みは中学生《ちゅうがくせい》くらいから大人《おとな》になるにかけて、少《すこ》しずつ変《か》わる。いますっぱい味《あじ》がきらいでも、大人《おとな》になったら好《す》きになっているかもしれないよ。

このちくわ
すっぱい！

お酒《さけ》が酢《す》に大《だい》へんしん！

調味料《ちょうみりょう》の酢《す》はどうやってできるのだろう？

酢《す》の原料《げんりょう》は米《こめ》やりんご、ぶどうなどさまざま。どれもいちどお酒《さけ》になってから、そのあとに酢《す》になる。

酢《す》のもとになるたべもの→お酒《さけ》→酢《す》と、姿《すがた》を変《か》えるのは、人《ひと》に役立《やくだ》つ細菌《さいきん》の「発酵《はっこう》」（75ページも見《み》てね）のはたらきによるものなんだ。

米酢《こめず》
りんご酢《す》
ワインビネガー

大人《おとな》が好《す》きなにがい味《あじ》

にがみは危険《きけん》な毒《どく》の味《あじ》!?

コーヒーやこいお茶《ちゃ》、ふきのとう、にがうり、魚《さかな》のはらわた、さざえのきも（黒《くろ》いところ）……。これらのにがい味《あじ》のたべものは、どれも大人《おとな》が好《す》きなものばかり。だけど、子《こ》どもにはあまり人気《にんき》がないね。

子どもは、にがいたべものがにがてなのはなぜだろう？　そのこたえはハッキリしている。にがいものは、〝毒《どく》の味《あじ》〟といっしょだからだ。

植物《しょくぶつ》や動物《どうぶつ》などの生《い》きものは、ほかの動物《どうぶつ》からたべられないように毒《どく》で身《み》を守《まも》っている。毒《どく》にはにがい味《あじ》のものが多《おお》いから、人《ひと》の脳《のう》が、にがいものは「危険《きけん》な味《あじ》」として覚《おぼ》えているんだ。

〝ほのかなにがみ〟はおいしい！

だから、大人《おとな》だってにがすぎるものは危《き》険《けん》な感《かん》じがしてたべられない。でも、経験《けいけん》をかさねるうちに、「たべても安全《あんぜん》」とわかったものは、少《すこ》しくらいにがくてもたべられるようになるんだ。

人《ひと》以外《いがい》の動物《どうぶつ》は、にがいものをまったくたべないそうだ。頭《あたま》で考《かんが》えて「安全《あんぜん》」と判断《はんだん》する人《ひと》だけがたのしむようになった、究極《きゅうきょく》の味《あじ》でもあるんだね。

でも、にがいものがきらいだとしても、マーマレードや、プリンのカラメルなどの、甘《あま》いたべものの〝ほのかなにがみ〟は気《き》にならないんじゃないかな？　むしろ、にがみがちょっぴりあるほうが、甘《あま》いだけよりも味《あじ》がひきしまっておいしいと感《かん》じられたりする。このように、にがみは、おいしさを増《ま》すために料理《りょうり》のかくし味《あじ》としても役立《やくだ》っているんだよ。

プリンじっけん

プリンのカラメル（茶色《ちゃいろ》のところ）には、ちょっぴりにがみがある。カラメルがあるのとないのと、味《あじ》はどう変《か》わるかな？

1　カラメルつきのプリンを用意《ようい》する。
2　半分《はんぶん》はカラメルをとりのぞいて、もう半分《はんぶん》はカラメルをのこしておき、それぞれたべ比《くら》べてみよう。

Q

質問《しつもん》　カラメルがあるときとないとき、味《あじ》はどうちがうかな？

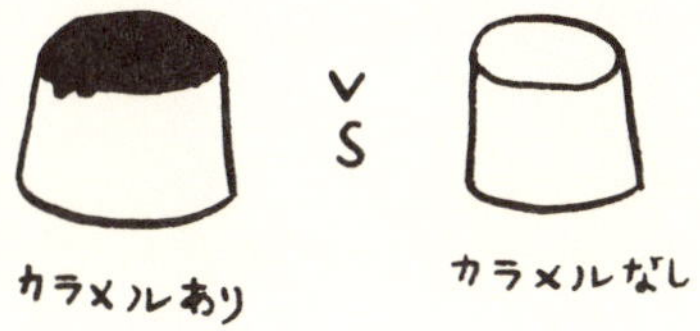

説明《せつめい》　ほのかなにがみには、味《あじ》をひきしめるはたらきがある。カラメルなしのプリンは、カラメルありのプリンに比《くら》べて味《あじ》をうすく感《かん》じたり、ものたりない感《かん》じがしたりはしなかったかな？
ほかにも、ほのかなにがみが、全体《ぜんたい》の味《あじ》をひきしめているようなたべものがないか、さがしてみよう！

うま味《み》ってどんな味《あじ》？

うま味《み》はおいしさのもとになる味《あじ》

甘《あま》い味《あじ》、塩《しお》からい味《あじ》、すっぱい味《あじ》、にがい味《あじ》に加《くわ》えて、基本《きほん》の味《あじ》にはもうひとつある。それがうま味《み》だ。

肉《にく》や乳製品《にゅうせいひん》にたくさんふくまれる味《あじ》だから、牧畜《ぼくちく》がさかんな国々《くにぐに》の料理《りょうり》には、自《し》然《ぜん》にうま味《み》がふくまれていた。

ところが、日本《にほん》をはじめ東《ひがし》アジアや東南《とうなん》アジアでは、おかずは野菜《やさい》が中心《ちゅうしん》。野《や》菜《さい》にはうま味《み》が少《すく》ないので、料理《りょうり》をおいしくするために、うま味《み》をふくんでいる「だし」を加《くわ》えるようになったんだ。

うま味《み》だけではうまくない!?

そこで使《つか》われたのが、かつおぶし、煮《に》干《ぼ》し、こんぶ、干《ほ》ししいたけなどからと

さしみじっけん

まぐろには「うま味《み》」がたっぷりつまっている。そのままたべたら、「うま味《み》」がどういう味《あじ》かわかるだろうか？　まぐろのさしみを使《つか》って、ためしてみよう！

1　まぐろのさしみを、なにもつけずにそのままたべてみよう。
2　しょうゆを少《すこ》しつけて、たべてみよう。

Q

質問《しつもん》　しょうゆをつける前《まえ》とつけたあと、どっちが「うまい！」と言《い》いたくなる味《あじ》だった？　それはどうしてだろう？

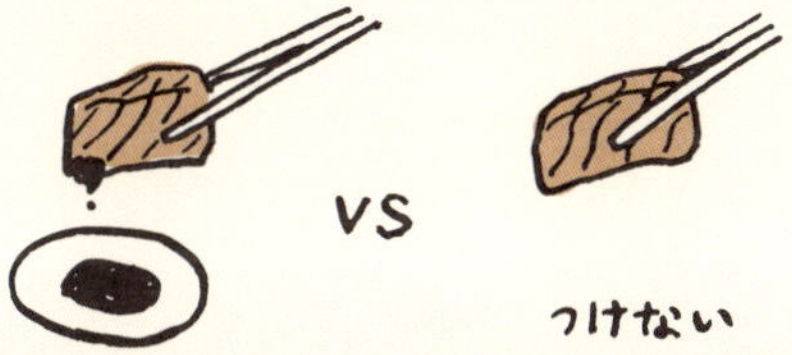

説明《せつめい》　まぐろのさしみには、うま味《み》のもとがぎっしりつまっているはず……。だけど、そのままたべると、なんだかものたりない味《あじ》じゃなかったかな？　しょうゆをつけたほうが、おいしいね。まぐろのうま味《み》と、しょうゆの塩味《しおあじ》がセットになって、はじめて「うまい！」と感《かん》じられるんだ。

るだし。だしには、うま味《み》成分《せいぶん》がたっぷりとふくまれている。だけど、だし汁《じる》をそのままのんでも、あまりおいしい味《あじ》はしないんだ。うま味《み》は「うまい（おいしい）味《あじ》」のかたまりのはずなのに、どうしてだろうね？

じつは、だしは塩味《しおあじ》といっしょになって、はじめておいしく感《かん》じられるというとくちょうがある。そのままでは、たいしておいしくないのに、塩味《しおあじ》を加《くわ》えたとたん、はしがとまらなくなるような、「うまい味《あじ》」に変《か》わるんだ。

「だし」たっぷりのうま味《み》いろいろ

「だし」がとれるたべものはいっぱい

料理《りょうり》に使《つか》われる、うま味《み》がつまった「だし」には、とてもたくさんの種類《しゅるい》がある。世界中《せかいじゅう》のさまざまなスープ料理《りょうり》には、必《かなら》ず「だし」が使《つか》われていると言《い》ったら、その多《おお》さがイメージしやすいかな？　どんなたべものに、うま味《み》のもとがふくまれているのか、おいしいだしがとれるのか、見《み》てみよう。

肉《にく》・魚《さかな》

肉《にく》

動物《どうぶつ》の肉《にく》や魚《さかな》はうま味《み》のかたまり。日本《にほん》では、魚《さかな》を干《ほ》して煮干《にぼ》しにしたり、かつおぶしなどから「だし」をとった。

魚《さかな》

煮干《にぼ》し

かつおぶし

魚《ぎょ》しょう
（魚《さかな》からつくる昔《むかし》ながらの調味料《ちょうみりょう》）

豆《まめ》

豆《まめ》そのものや、豆《まめ》からつくられるみそ、しょうゆなどの調味料《ちょうみりょう》にうま味《み》がふくまれる。

しょうゆ

だいず

みそ

海《うみ》に囲《かこ》まれている日本《にほん》では、もともと魚《さかな》や海《かい》そうから、だしをとっていた。いまでは西洋《せいよう》の国《くに》と同《おな》じように、肉《にく》からも「だし」をとるようになったし、化学的《かがくてき》にうま味《み》を合成《ごうせい》したうま味調味料《みちょうみりょう》も登場《とうじょう》した。

野菜《やさい》

うま味《み》の少《すく》ない野菜《やさい》からも、じっくり煮《に》こむと「だし」がとれる。とくにトマトには、うまみのもとがたくさんふくまれる。

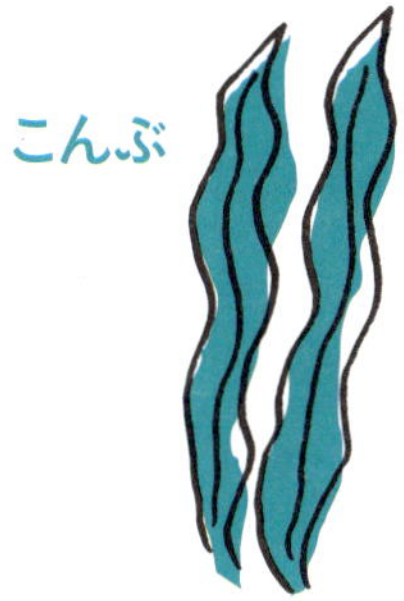

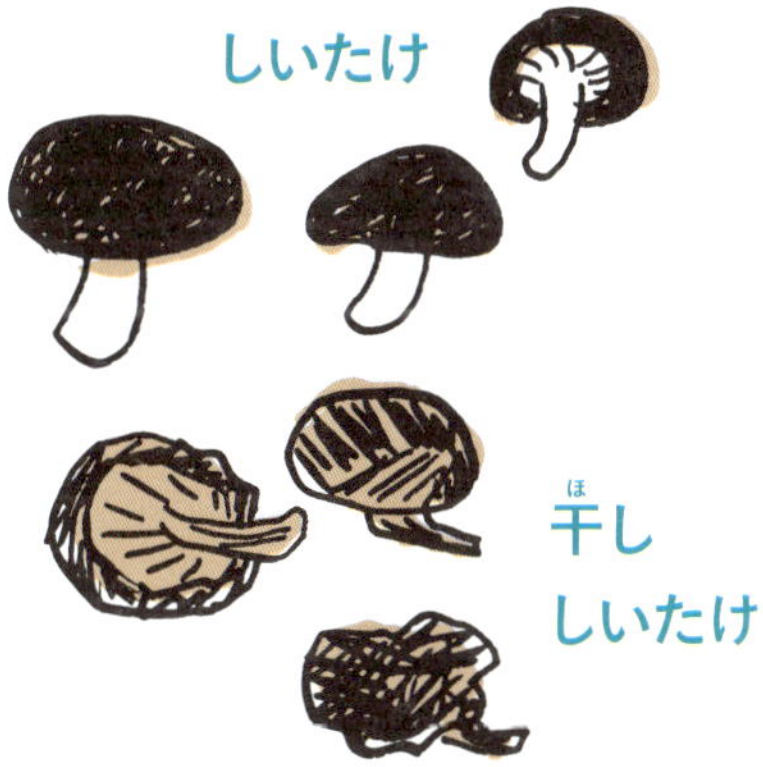

きのこ

とくにしいたけは、そのままでもうま味《み》が多《おお》い。干《ほ》して乾《かわ》かすと、さらにうま味《み》や栄養《えいよう》がふえる。

海《かい》そう

海《かい》そうのなかでも、とくにこんぶにうま味《み》のもとがぎっしり。こんぶと比《くら》べると少《すく》ないけれど、ひじきなど、ほかの海《かい》そうにもうま味《み》がある。

「だし」と「だし」をくみ合《あ》わせるとおいしい

ふたつ以上《いじょう》の「だし」をくみ合《あ》わせると、うま味《み》がさらにふえると言《い》われている。「かつおぶし×こんぶ」のだし、「肉《にく》×野菜《やさい》」のだし、といった組《く》み合《あ》わせが、料理《りょうり》をおいしくする。スープやみそ汁《しる》をたべるときに、どんな「だし」が使《つか》われているのか考《かんが》えてみよう。こたえは、つくってくれた人《ひと》に聞《き》いてみてね。

牛乳《ぎゅうにゅう》・乳製品《にゅうせいひん》

牛乳《ぎゅうにゅう》やチーズなどの乳製品《にゅうせいひん》にもうま味《み》がふくまれる。じつは人《ひと》のおっぱいもうま味《み》が豊富《ほうふ》。赤《あか》ちゃんがはじめて出《で》合《あ》う、うま味《み》だね。

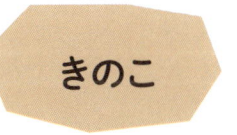

舌《した》がぴりぴり! からい味《あじ》

ぴりぴりする"からさ"ってじつは「味《あじ》」じゃない!?

からいたべものを口《くち》にすると、口《くち》のなかが「ぴりぴり」「ひりひり」と、いたい感《かん》じがしないかな? 火《ひ》がついたみたいに、あつい感《かん》じがすることもあるね。

それもそのはず、じつは、からさを感《かん》じているのは、ころんでひざをすりむいたときに「いたい!」と感《かん》じるしくみと同《おな》じなんだ。

この「ぴりぴり、いたい感《かん》じ」こそが、からさの正体《しょうたい》。甘《あま》さやすっぱさ、塩味《しおあじ》などの、舌《した》で感《かん》じる「味《あじ》」とは、ちょっとちがうものなんだ。

こしょう

世界中《せかいじゅう》で古《ふる》くから使《つか》われてきた。黒《くろ》い実《み》をつぶして使《つか》う。

からし

からしの種《たね》からつくられる。和《わ》がらしと洋《よう》がらし(マスタード)がある。

わさび

日本《にほん》で古《ふる》くから使《つか》われてきたからみ。わさびの根《ね》をすりおろして使《つか》う。

いわゆる「味《あじ》」ではないからみは、舌《した》だけじゃなく、からだ全体《ぜんたい》で感《かん》じられる。とうがらしを手《て》に持《も》つと手《て》がひりひりするし、からすぎるものをたべたあと、うんちを出《だ》すときに、おしりがいたくなったりもするよ。

からさには いろんな種類《しゅるい》がある

からい味《あじ》と言《い》うと、どんなたべものを思《おも》いうかべるかな？　大人《おとな》むけのからいカレー？　まっ赤《か》なとうがらし入《い》りのキムチ？　おすしに入《はい》っているわさびもからいね。

からい味《あじ》には、ひりひりいたいからさ、火《ひ》をふくようなからさ、つーんと涙《なみだ》が出《で》るようなからさなど、いろいろなからさがある。からい味《あじ》の原料《げんりょう》には、こしょうやとうがらし、からし、わさびなど、さまざまな種類《しゅるい》があるからだ。

国《くに》や料理《りょうり》によってもからさの種《しゅ》類《るい》がちがうので、たとえば、とうがらしのからさが平気《へいき》な国《くに》の人《ひと》が、日本《にほん》のわさびのからさには弱《よわ》かったりもするよ。

どうして料理《りょうり》をからくするのだろう？

口《くち》のなかが、ぴりぴりいたくなるようなからいたべものを、人《ひと》はどうしてわざわざたべたいと思《おも》うのだろう？　からいたべものの、ぴりぴりした感《かん》じがたのしいと思《おも》う人《ひと》もいる。「しっかりたべた」という満足感《まんぞくかん》もあるのでクセになってしまう人《ひと》もいそうだ。

からみに使《つか》われる原料《げんりょう》によっては、肉《にく》や魚《さかな》のくさみを消《け》したり、たべものを長持《ながも》ちさせたりといったはたらきをするものもあるよ。きみのまわりにも、からいたべものが好《す》きな人《ひと》がいるかな？　それがどんなふうにおいしくて、どうしてたべたくなるのか、ぜひ聞《き》いてみて。

しょうが

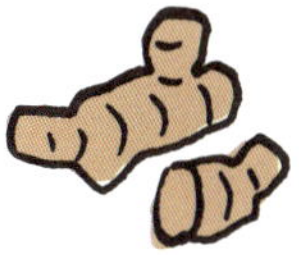

すりおろすと、からみのある薬味《やくみ》に。野菜《やさい》として料理《りょうり》にも使《つか》われる。

さんしょう

実《み》の皮《かわ》の部分《ぶぶん》にからみがある。若葉《わかば》も薬味《やくみ》として使《つか》われる。

ししとう

とうがらしのなかまだけど、やさしいからさで、そのまま野菜《やさい》としてたべられる。

とうがらし

すごくからいものから、まったくからくないものまで、多《おお》くの種《しゅ》類《るい》がある。長持《ながも》ちするようにかわかして使《つか》われることが多《おお》い。

牛《ぎゅう》乳《にゅう》ってどんな味《あじ》？

これあまい？
MILK
こっくり
すっぱくはない…
すこ〜ししょっぱい
まったりした味《あじ》
ちょっぴりあまい

たべものにはいろんな味《あじ》がまざっている

牛乳《ぎゅうにゅう》の味《あじ》がどんな味《あじ》か、説明《せつめい》できるかな？　ちょっぴり甘《あま》い？　塩《しお》からくはないね。すっぱくもないし、にがくもない……。あの味《あじ》をどう表現《ひょうげん》したらいいんだろう？

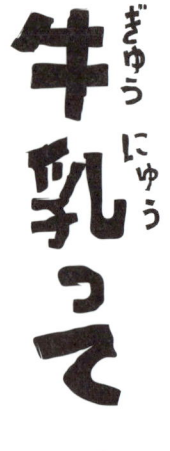

牛乳《ぎゅうにゅう》の味《あじ》をうまく説明《せつめい》しにくいのには、わけがある。牛乳《ぎゅうにゅう》には、いろいろな味《あじ》がまざり合《あ》っていて、「牛乳《ぎゅうにゅう》の味《あじ》」というひとつの味《あじ》になっているからだ。

たべものの味《あじ》は、ふたつか3つ以《い》上《じょう》の味《あじ》がまざり合《あ》ってできているものがほとんど。塩《しお》からいだけ、すっぱいだけ、にがいだけでおいしく感《かん》じるたべものって、あまり思《おも》いつか

たべものの味《あじ》は、甘《あま》み、塩味《しおあじ》、すっぱい味《あじ》、にがみ、からみ、うま味《み》、という
ここまでに紹介《しょうかい》してきた6つの味《あじ》が、つみ木《き》のように、いくつもつみ重《かさ》なってできている。そこにおいしさのひみつがかくれているんだ。

なくないかな？　甘《あま》いものだけはべつで、甘《あま》さのかたまりであるあめ玉《だま》や氷《こおり》ざとうは、おいしいと思《おも》ったりするけれど……。

おいしい味《あじ》を表《あらわ》すことばに「甘《あま》ずっぱい」とか「甘《あま》からい」などがある。それも、甘《あま》い味《あじ》と、もうひとつ別《べつ》の味《あじ》がまざった味《あじ》だね。みんなが好《す》きなおやつの味《あじ》、たとえばラムネだって、甘《あま》いけれど、ちょっぴりすっぱくて……と、いろんな味《あじ》がまざっているね。

好《す》きなたべものはどんな味《あじ》？

きみの好《す》きなたべものはなに？　その味《あじ》は、次《つぎ》の6つのうち、どれがあてはまるだろうか？　ひとつだけ、ふたつだけ、とはかぎらないよ。

甘《あま》い　塩《しお》からい　すっぱい　からい　にがい　うまい

まぜた味《あじ》がおいしい

味《あじ》をまぜると、ふしぎと味《あじ》が変《か》わる

ジュースのおいしさは、甘《あま》みとすっぱさのバランスで決《き》まると言《い》われている。甘《あま》いだけですっぱさがないとものたりないし、すっぱいだけのジュースなんて、ちょっとのみたくないね。

味《あじ》と味《あじ》のくみ合《あ》わせは、おいしさを生《う》み出《だ》す大切《たいせつ》なカギをにぎっている。たとえば、すっぱいいちごに甘《あま》いミルクをかけてたべやすくしたり、にがい薬《くすり》に甘《あま》いさとうをまぜてのみやすくしたり、というのも同《おな》じこと。

さらに、味《あじ》と味《あじ》のくみ合《あ》わせによっては、まぜたときに、もとの味《あじ》がより強《つよ》く感《かん》じられたり、逆《ぎゃく》に味《あじ》が弱《よわ》まったりといったふしぎな現象《げんしょう》もおこる。身近《みぢか》にそんなたべものがないか、さがしてみよう。

ふたつとも味《あじ》が強《つよ》くなる

うま味《み》とうま味《み》が出合《であ》うと、うま味《み》がグンと増《ま》す。たとえば、かつおぶしとこんぶからとっただしを、別々《べつべつ》になめてもそんなにうま味《み》が強《つよ》いわけではないのに、両方《りょうほう》を合《あ》わせただしは、うま味《み》がハッキリ感《かん》じられるくらい強《つよ》い。

スイカじっけん

塩《しお》をちょっと加《くわ》えると、もっと甘《あま》く感《かん》じるって本当《ほんとう》かな？　スイカを使《つか》って、ためしてみよう。

1　甘《あま》いスイカをひと切《き》れ用意《ようい》する。まずはそのままパクッとひと口《くち》たべてみよう。
2　塩《しお》をぱらぱらとふって、もうひと口《くち》たべてみよう。

Q

質問《しつもん》　塩《しお》をふる前《まえ》とふったあとで、甘《あま》みはどう変《か》わったかな？

説明《せつめい》　塩《しお》をふったあとのほうが甘《あま》みを強《つよ》く感《かん》じただろうか。塩《しお》をくわえることで、もとのスイカの甘《あま》みが強《つよ》く感《かん》じられるようになるんだ。

ふたつとも味《あじ》が弱《よわ》まる

まぜたふたつの味《あじ》が、お互《たが》いに弱《よわ》め合《あ》うこともある。たとえば、酢《す》めし（おすしのごはん）は、酢《す》と塩《しお》がまざると、すっぱさと塩味《しおあじ》の両《りょう》方《ほう》がおたがいにおさえられて、たべやすい味《あじ》になる。

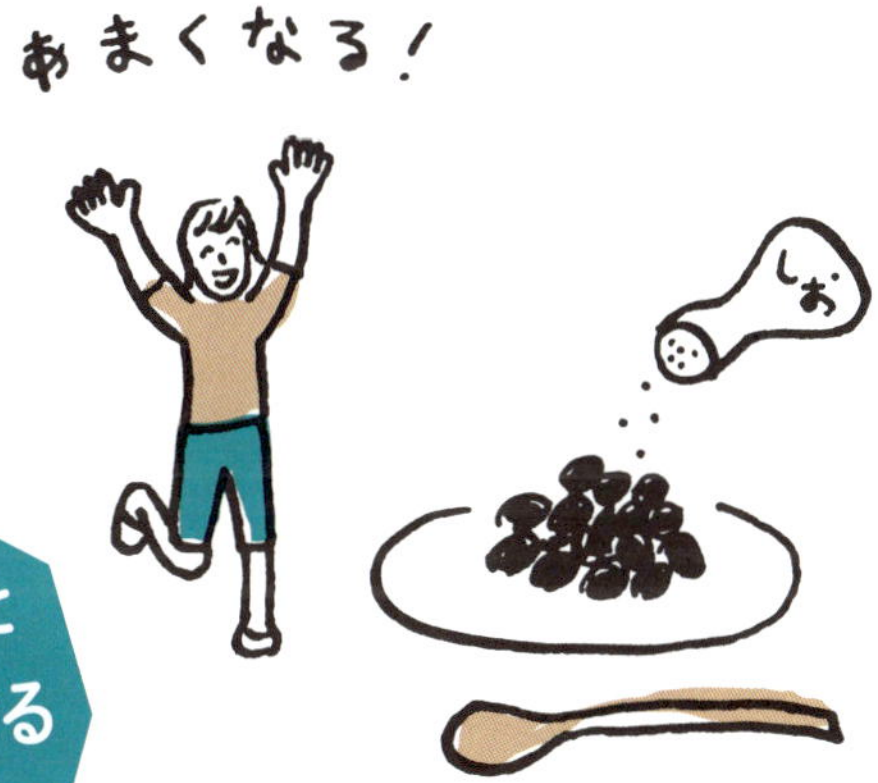

別《べつ》の味《あじ》を加《くわ》えるともとの味《あじ》が強《つよ》くなる

ちがう味《あじ》を加《くわ》えたときに、もとのたべものの味《あじ》が強《つよ》くなることがある。たとえば、甘《あま》いあんこに、塩《しお》をふってたべると、もっと甘《あま》く感《かん》じられるようになるよ。

口《くち》でまざるおにぎりの味《あじ》

おにぎりのおいしさは口《くち》のなかでまざり合《あ》う味《あじ》

おにぎりって、ものすごくシンプルなのに、どうしておいしいんだろう？　おにぎりにするだけで、お茶《ちゃ》わんに入《い》れたごはんよりも、たくさんたべられたりもするね。

おにぎりのおいしさのひみつは、口《くち》のなかでまざり合《あ》う味《あじ》にかくされているんだ。

手《て》のひらに塩《しお》をつけておにぎりをにぎると、おにぎりの表面《ひょうめん》に塩《しお》がまぶされる。それをひと口《くち》、ふた口《くち》……と口《くち》に入《い》れると、塩味《しおあじ》、お米《こめ》の味《あじ》、さらに、のりの味《あじ》や梅干《うめぼ》しなどの具《ぐ》の味《あじ》……と、口《くち》に入《はい》ってくる味《あじ》がどん

手《て》のひらに塩《しお》をつけて、おにぎりをにぎったことはあるかな？　ラップでしかつくったことがないという人は、ぜひ一《いち》度《ど》ためしてみて（41ページにつくりかたがのっているよ）。

1 さいしょはおにぎりにまぶされた塩《しお》の味《あじ》。

2 かむと塩《しお》とお米《こめ》がまざった味《あじ》に。

どん変《か》わる。そしてひと口《くち》かむごとに、それらの味《あじ》がまざり合《あ》っていく。その変化《へんか》が、おいしさにつながっているんだ。

もし、はじめからごはんに塩《しお》や梅《うめ》干《ぼ》しをまぜこんでしまったら、どうだろう? 味《あじ》に変化《へんか》がないので、とちゅうであきてしまって、おかずがほしいって思《おも》うかもしれないよ。

もうちょっとたべると、
梅干《うめぼ》しがまざった味《あじ》。
さらにのりの味《あじ》もまざる。

あたらしいおむすびを発明《はつめい》しよう!

お米《こめ》と塩《しお》だけの、シンプルな塩《しお》おにぎりもいいけれど、おにぎりにいろんな味《あじ》のたべものを組《く》み合《あ》わせを考《かんが》えてみよう。きみは、どんなおにぎりをたべてみたいかな?

しそコーンおにぎり

甘《あま》いコーンをごはんにまぜてから、手《て》に塩《しお》をつけてにぎる。のりのかわりにしその葉《は》をまいてみてもいいね。

ハンバーグおにぎり

おかずのハンバーグが余《あま》ったら、おにぎりにのっけてみて。小《ちい》さめに切《き》って、おにぎりのなかにチーズといっしょに入《い》れるのもいいね。

卵《たまご》おにぎり

卵焼《たまごや》きをのせて、細《ほそ》く切《き》ったのりをまいて、卵《たまご》ずし風《ふう》に。おにぎりの表面《ひょうめん》に、ごま油《あぶら》をうすくぬってもおいしいよ。

前《まえ》の味《あじ》が次《つぎ》の味《あじ》を変《か》える

ジュースでごはんの味《あじ》が変《か》わる⁉

子《こ》どもに人気《にんき》の甘《あま》いジュース。でも、じつは食事中《しょくじちゅう》に甘《あま》いジュースをのむと、ほかのたべものの味《あじ》が変《か》わってしまうって、知《し》っていたかな？　舌《した》には、前《まえ》に味《あじ》わった味《あじ》のえいきょうをうけて、次《つぎ》に口《くち》にする味《あじ》が変化《へんか》したように感《かん》じてしまうという、とくちょうがあるんだ。

　こんなじっけんがある。甘《あま》いジュースと、甘《あま》いさとう水《みず》のふたつを用意《ようい》しておく。最初《さいしょ》にさとう水《みず》をのむと、甘《あま》く感《かん》じる。でも、最初《さいしょ》にジュースをのんで、そのあとにさとう水《みず》をのむと、さとう水《みず》が甘《あま》く感《かん》じられなくなってしまう。つまりこのじっけんから、甘《あま》いジュースをのんで

食事中《しょくじちゅう》にジュースがあるときと、ないとき、たべものの味《あじ》はどう変《か》わるだろう？

だあとは、甘《あま》い味《あじ》がうすく感《かん》じられるということがわかったんだ。

だから、たとえばジュースをひと口《くち》のんだあとに、甘《あま》い卵焼《たまごや》きをたべると、じっさいの味《あじ》つけよりも甘《あま》みが少《すく》ないと感《かん》じたり、味《あじ》のバランスがくずれて、おいしくないと感《かん》じてしまったりもするんだ。

たべる順番《じゅんばん》で味《あじ》が変《か》わる

もちろん甘《あま》いものだけではなく、たべものの味《あじ》は、ひと口《くち》目《め》の味《あじ》がふた口《くち》目《め》に、ふた口《くち》目《め》の味《あじ》が3口《くち》目《め》に……と、たべているあいだに、次々《つぎつぎ》とえいきょうを与《あた》えている。

昔《むかし》から日本《にほん》では、ごはんとおかずを、かわりばんこにたべるようにと言《い》われてきた。これは、味《あじ》がうすいごはんを、おかずとおかずのあいだにたべることで、次《つぎ》のおかずの味《あじ》をしっかりと感《かん》じるための知恵《ちえ》だったのかもしれないね。

おすしやさんで、かならず出《だ》される緑茶《りょくちゃ》には、おすしのなまぐささをとる効果《こうか》がある。
前《まえ》の味《あじ》が、次《つぎ》の味《あじ》にえいきょうを与《あた》えるから、いろいろ考《かんが》えながらたべてみよう。

5

味《あじ》だけではない！「おいしさ」のひみつ

たべものがおいしいか、おいしくないかは、味《あじ》だけでは決《き》められない。たべものを口《くち》に入《い》れる前《まえ》に、鼻《はな》に入《はい》るにおいや、目《め》にとびこむ見《み》た目《め》も、おいしさを決《き》めるために大切《たいせつ》なんだ。舌《した》ざわりや、たべものの温度《おんど》にも、おいしさのひみつがかくされているよ。

鼻《はな》でたべる

たべたくなる「におい」

台所《だいどころ》からただようごはんのにおい、おまつりのときの焼《や》きそばのにおい――おいしそうなにおいをかいだとたん、おなかがぐうっと鳴《な》ったことはないかな？

人《ひと》は、たべものを口《くち》に入《い》れなくても、それがおいしいか、そうでないかを知《し》ることができる。その大《おお》きな手《て》がかりになるのが、鼻《はな》でかぐ「におい」だ。

口《くち》のなかで、水《みず》にとけたたべものを「味《あじ》」と感《かん》じるのに対《たい》して、においのもとになる成分《せいぶん》が空気《くうき》にのって鼻《はな》に届《とど》くと、「におい」として感《かん》じられる。においの成分《せいぶん》は、たべものが近《ちか》くにあるだけで鼻《はな》に届《とど》くから、どんな味《あじ》のたべものなのか、口《くち》に入《い》れる前《まえ》に伝《つた》わってくるんだ。

ドーナツ
いか焼《や》き
焼《や》きいも
焼《や》きそば
焼《や》きとり
たこ焼《や》き

おいしそうなにおいのほかに、「こげくさい」「なまぐさい」「ガスくさい」といった、危険《きけん》なにおいをかぎわけるためにも、鼻《はな》は大切《たいせつ》な役割《やくわり》をはたしている。

においの成分《せいぶん》は、たべものがあたたかいほど鼻《はな》に届《とど》きやすい。たとえば、さめたごはんと、たきたてのごはんのにおいを比《くら》べてみると、ちょっとちがうね。

バニラの香《かお》りじっけん

バニラエッセンスは、よくデザートの香《かお》りづけに使《つか》われる。どんなたべものと相性《あいしょう》がよいかな？

1　バニラアイスの香《かお》りのもと、バニラエッセンスを用意《ようい》する（スーパーの製菓材料《せいかざいりょう》コーナーに売《う》っているはず）。

2　牛乳《ぎゅうにゅう》を用意《ようい》して、バニラエッセンスを数滴《すうてき》入《い》れてのんでみよう。

3　ゼリー、シャーベット、紅茶《こうちゃ》のなかから用意《ようい》できるものに、バニラエッセンスを数滴《すうてき》入《い》れてたべて（のんで）みよう。

Q

質問《しつもん》　それぞれのたべものと、バニラの香《かお》りの相性《あいしょう》はどうかな？

説明《せつめい》　バニラエッセンスの香《かお》りは牛乳《ぎゅうにゅう》との相性《あいしょう》がとくによい。だから牛乳入《ぎゅうにゅうい》りのアイスクリームとは合《あ》うね。でも牛乳《ぎゅうにゅう》の入《はい》っていないシャーベットやゼリーとは相性《あいしょう》ぴったりとは言《い》えないんじゃないかな？　紅《こう》茶《ちゃ》に牛乳《ぎゅうにゅう》を入《い》れてミルクティーにしてみるとどうかな。

においを加《くわ》えておいしさアップ

においをかぐだけで、「おいしそう」「たべてみたい」と思《おも》えるように、たべものに、別《べつ》のたべもののにおいを、わざとつけることもある。

たとえば、牛《うし》やひつじなど動物《どうぶつ》の肉《にく》をたくさんたべるヨーロッパの国々《くにぐに》では、肉《にく》のなまぐささを消《け》すために、においの強《つよ》いスパイスが欠《か》かせないものだった。

また、アイスクリームにバニラの甘《あま》い香《かお》りをつけたバニラアイスクリームは、ただの牛乳《ぎゅうにゅう》アイスより高級《こうきゅう》な味《あじ》に感《かん》じる。

でも、よい香《かお》りだからといって、どんなたべものにも合《あ》うわけではないよ。おいしく感《かん》じられるようなたべものと、においの組《く》み合《あ》わせを考《かんが》えるのは、料理《りょうり》のむずかしいところでもあり、たのしいところでもあるんだ。

目《め》でたべる

口《くち》に入《い》れなくても色《いろ》で味《あじ》がわかる⁉

たべものをお店《みせ》でえらぶときは、味見《あじみ》をせずに、目《め》だけで見《み》ておいしそうかどうかをたしかめながら買《か》うことがほとんどだね。

大昔《おおむかし》、野《の》や山《やま》で木《き》の実《み》を集《あつ》めたり、えものを追《お》ったりしていたころから、人《ひと》は見《み》た目《め》でたべもののおいしさを見《み》きわめるわざをみがいてきた。

見《み》た目《め》でおいしさを知《し》るコツはたくさんあるけれど、なかでも色《いろ》はまず目《め》に入《はい》ってくる大《おお》きなヒントだ。

どんなたべものにも、かならず色《いろ》がある。どんな色《いろ》がおいしそうに見《み》えるか、たべものの色《いろ》に注目《ちゅうもく》してみよう。

にんじん、かぼちゃ、くだものの柿《かき》、みかん、いくらなど。

なす、ぶどう、ブルーベリー、むらさきキャベツなど。

きゅうり、ブロッコリー、ほうれんそうなど葉《は》もの野菜《やさい》いろいろ。

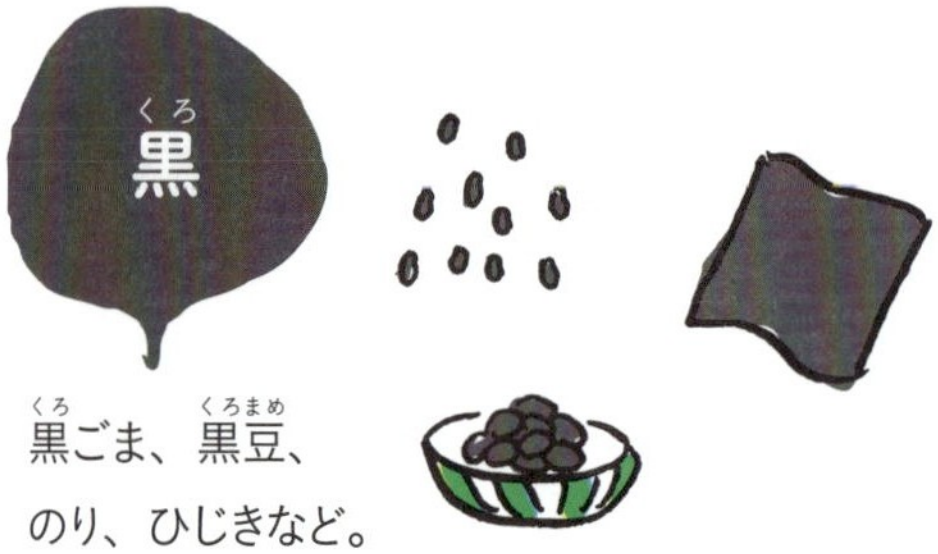

黒《くろ》ごま、黒豆《くろまめ》、のり、ひじきなど。

どんな色《いろ》のたべものがあるかな？

たべものにない色《いろ》ってあるのかな？

人工的《じんこうてき》に色《いろ》をつける着色料《ちゃくしょくりょう》を使《つか》えば、たべものにどんな色《いろ》だってつけられる。でも、色《いろ》をつける前《まえ》の自然《しぜん》なたべものの色《いろ》を思《おも》いうかべてみると、どうだろう？

じつは、たべもののなかで、まっ青《さお》や水色《みずいろ》のものって思《おも》いつかなくないかな？　青《あお》魚《ざかな》（背中《せなか》の銀色《ぎんいろ》が青《あお》っぽく光《ひか》る）、青《あお》のり（本当《ほんとう》はみどり色《いろ》？）……など、名前《なまえ》に「青《あお》」がつくたべものはあるけれど、どれも本当《ほんとう》に青《あお》いわけではない。南《みなみ》の国《くに》にはたべられる青《あお》い魚《さかな》もいるけど、皮《かわ》が青《あお》く見《み》えるだけで、じつは身《み》は白《しろ》いんだ。

ピンク

もも、さくらもち、いちごミルクなど。いちご味《あじ》のおやつもピンクのものが多《おお》い。

赤《あか》

トマト、赤《あか》パプリカ、いちごなど、実《み》の野菜《やさい》やくだもの。

黄《き》

バナナ（中身《なかみ》は白《しろ》）、レモン、チーズなど。

白《しろ》

だいこん、かぶなどの野菜《やさい》、とうふ、牛乳《ぎゅうにゅう》、パン、ごはん、もちなど。

同《おな》じ色《いろ》でも、こい色《いろ》とうすい色《いろ》があるね。どっちがおいしそうに見《み》えるかな？

おいしそうな いろどり

たべたい気持《きも》ちになるのはどんな色《いろ》？

熟《じゅく》したくだものは、黄《き》や赤《あか》、オレンジなどの色《いろ》をしている。それらの色《いろ》のたべものを見《み》ると、脳《のう》が熟《じゅく》したくだもののおいしさを思《おも》い出《だ》し、「おいしそう」「たべたい」という気持《きも》ちが自然《しぜん》とわきおこると言《い》われている。

レタスなど野菜《やさい》のみずみずしいみどり色《いろ》は、しんせんそうでおいしそうに見《み》える。ようかんや、あんこなどの黒《くろ》い色《いろ》のたべものは、こってりとこい味《あじ》をしていそうに見《み》えるね。このように、たべものの色《いろ》には、それがどんなたべものであるかを伝《つた》える役割《やくわり》があるんだ。

色《いろ》がふえるともっとおいしそう！

このとき、ひとつの色《いろ》だけよりも、2色《しょく》、3色《しょく》……と色《いろ》がふえると、よりおいしそうに見《み》えることがある。たとえば、黄《き》色《いろ》いオムライスはそのままでもおいしそうだけど、赤《あか》いケチャップをのせたほうが、もっとおいしそうに見《み》えないだろうか？　そこにみどり色《いろ》のブロッコリーをそえると、いろどりがよくなって、さらにおいしそうな感《かん》じがしないかな？　お弁当《べんとう》に、ミニトマトやみどり色《いろ》のかざりの葉《は》っぱをそえることがあるのも、おいしそうに見《み》せるための工夫《くふう》でもあるんだ。

たべものだけではなくて、お皿《さら》の色《いろ》、下《した》にしくマットの色《いろ》、さらにはたべる部屋《へや》のかべの色《いろ》やライトの色《いろ》など、たべるときに目《め》に入《はい》るあらゆる色《いろ》が、おいしさにえいきょうを与《あた》えると言《い》われている。きみがたべたい気持《きも》ちになるのは、どんな色《いろ》に囲《かこ》まれたときかな？　食事《しょくじ》をするときにちょっと考《かんが》えてみよう。

おいしそうなもりつけ

どのもりつけがきれいに見《み》えるかな?

もりかたひとつで見《み》た目《め》が変《か》わる

色《いろ》だけでなく、たべものがおいしそうに見《み》えるひみつはほかにもある。

そのひとつが、もりつけ。お皿《さら》のなかで美《うつく》しく見《み》える並《なら》べかた、たべやすい量《りょう》や入《い》れかた……。もりつけひとつで、「たべたい」という印象《いんしょう》がぜんぜん変《か》わってしまうんだ。

国《くに》や文化《ぶんか》によっても、もりつけかたにはちがいがある。たとえば日本《にほん》では、焼《や》き魚《ざかな》に大根《だいこん》おろしなどをそえるときは、お皿《さら》の手前《てまえ》におくことが多《おお》い。だけど、洋食《ようしょく》ではハンバーグなど主役《しゅやく》の料理《りょうり》は手前《てまえ》に、ポテトやにんじんなどのつけ合《あ》わせは、奥《おく》のほうにおかれることが多《おお》い。

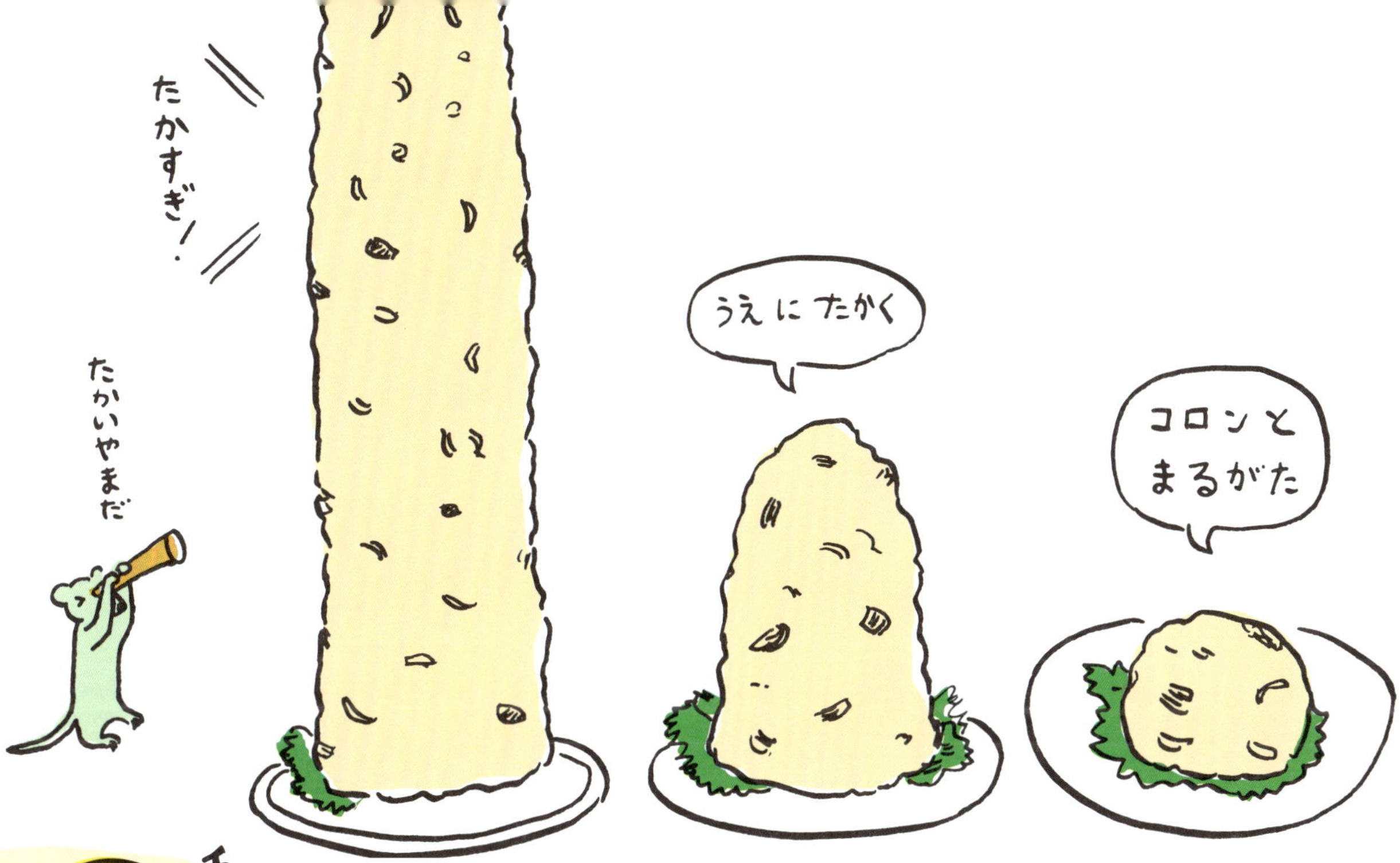
たかすぎ！
たかいやまだ
うえに たかく
コロンと まるがた

また、ポテトサラダなど、汁気《しるけ》の少《すく》ないおかずは、中央《ちゅうおう》をこんもりと高《たか》くもると、ごうかな感《かん》じに見《み》える。

うつわの大《おお》きさにたいして、たべものを入《い》れる量《りょう》はどのくらいにするといいだろう？　ぎゅうぎゅうにつめこむより、少《すこ》しゆとりがあるほうが見《み》た目にも美《うつく》しいし、なによりたべやすい。ひとりでたべるのか、みんなでいっしょにたべるのかによっても、もりつけかたは変《か》わるかもしれないね。ふだんの食事《しょくじ》やお店《みせ》でたべるときなどに、もりつけにも注目《ちゅうもく》してみよう。

チョットかんがえてみよう

どんなうつわが合《あ》うかな!?

料理《りょうり》の色《いろ》や形《かたち》、大《おお》きさによって、合《あ》ううつわ、合《あ》わないうつわがある。ハンバーグやからあげ、いなりずし……、きみの好《す》きな料理《りょうり》には、どんなうつわが合《あ》うと思《おも》う？　どんなうつわにもりつけてみたいか想像《そうぞう》しながら、絵《え》を描《か》いてみるのもいいね。

歯《は》・舌《した》・のど・口《くち》のなかで味《あじ》わうことばをいくつ言《い》えるかな？

口《くち》のなかは知《し》っている

つるつる
ぷるぷる
ふわふわ
ぷちぷち
ざらざら
とろとろ
もちもち

おいしそうな歯《は》ざわり、舌《した》ざわり

ふわふわのわたがし、シャキシャキしたレタス、つるつるのそうめん……。たべものを口《くち》に入《い》れたとき、こんなふうに感《かん》じることがあるね。

これらの「ふわふわ」「シャキシャキ」「つるつる」ということばは、たべものを口《くち》のなかに入《い》れたときの感《かん》じかたを表《あらわ》している。ものをたべたときに、歯《は》でかんだ感《かん》じ、舌《した》にのせた感《かん》じ、のどを通《とお》る感《かん》じ、口《くち》のなか全体《ぜんたい》の感《かん》じかたなどが、たべもののおいしさを決《き》めることも多《おお》いんだ。

日本語《にほんご》には、「甘《あま》い」とか「すっぱい」などの味《あじ》を表《あらわ》すことば以上《いじょう》に、口《くち》

ためしてみよう
チョット

せんべいじっけん

袋《ふくろ》を開《あ》けたあとのせんべいは、すぐに空《くう》気中《きちゅう》の水《みず》気《け》を吸《す》ってしまう。そうなると口《くち》に入《い》れたときの感《かん》じはどう変《か》わるだろうか？

1　袋入《ふくろい》りのせんべいを用意《ようい》する。
2　袋《ふくろ》を開《あ》けてすぐに1枚《まい》たべる。
3　袋《ふくろ》を開《あ》けたままおいておき、次《つぎ》の日《ひ》にもう1枚《まい》たべる。

Q

質問《しつもん》　1日《にち》おいたせんべいは、前《まえ》の日《ひ》にたべたせんべいと比《くら》べて、歯《は》ざわりはどうちがうかな？　味《あじ》はどう変《か》わっただろうか？

説明《せつめい》　せんべいは袋《ふくろ》を開《あ》けてすぐは、パリパリとした歯《は》ざわりがしておいしいね。1日《にち》たつと、しっけてしなっとやわらかい歯《は》ざわりにならなかったかな？　同《おな》じたべものでも、歯《は》ざわりが変《か》わると、味《あじ》は変《か》わっていなくても、おいしさが変化《へんか》するように感《かん》じるね。

パリパリ
1日《にち》たつと……
しなしな
しなっとしてる
せんべいも好《す》き！

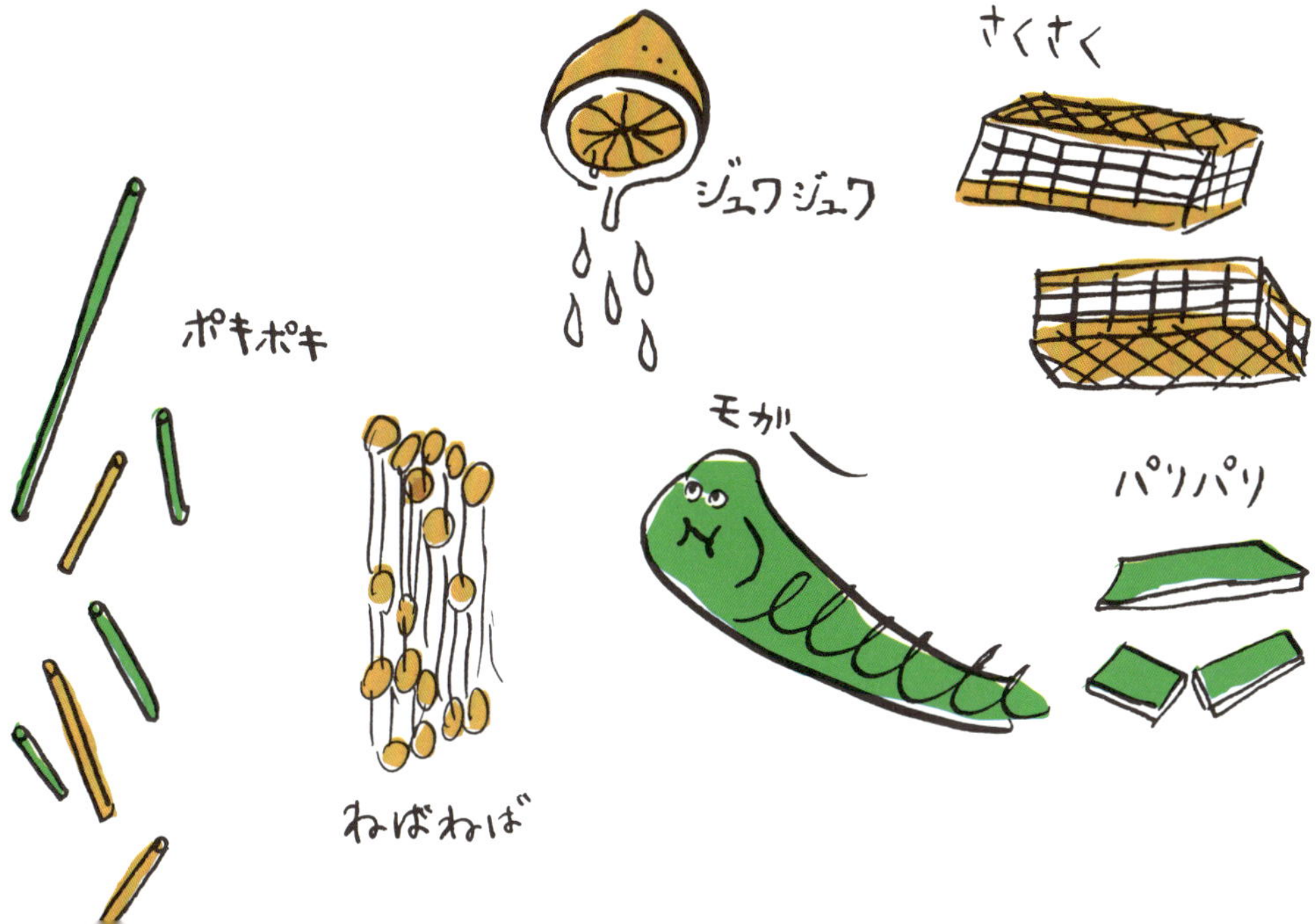
さくさく
ジュワジュワ
ポキポキ
モガ
パリパリ
ねばねば

のなかの感《かん》じかたを表《あらわ》すことばがたくさんある。それだけ、おいしさにとって、大切《たいせつ》なものと考《かんが》えられてきたのかもしれないね。

おいしい温度《おんど》

ちょうどよいあたたかさ、冷《つめ》たさ

あつあつのグラタンはおいしいけれど、あまりにあついと口《くち》のなかをやけどしてしまうね。シャーベットなどの冷《つめ》たいたべものもおいしいけれど、舌《した》でゆっくりとかしながらじゃないと味《あじ》がよくわからない。

口《くち》に入《い》れたときに、おいしいと感《かん》じるあたたかさ、または冷《つめ》たさって、どのくらいの温度《おんど》なんだろう？

じっけんによると、人《ひと》がおいしいと感《かん》じるたべものの温度《おんど》は、体温《たいおん》より25度《ど》以上《いじょう》あたたかいか、冷《つめ》たいかだと言《い》われている。体温《たいおん》が37度《ど》だとすると、あたたかいたべものは62度《ど》よりあつくて、やけどしないくらいまで、冷《つめ》たいたべものは12度《ど》より低《ひく》くて、こおらないくらいまでが、ちょうどよいと感《かん》じられる温度《おんど》だそうだ。

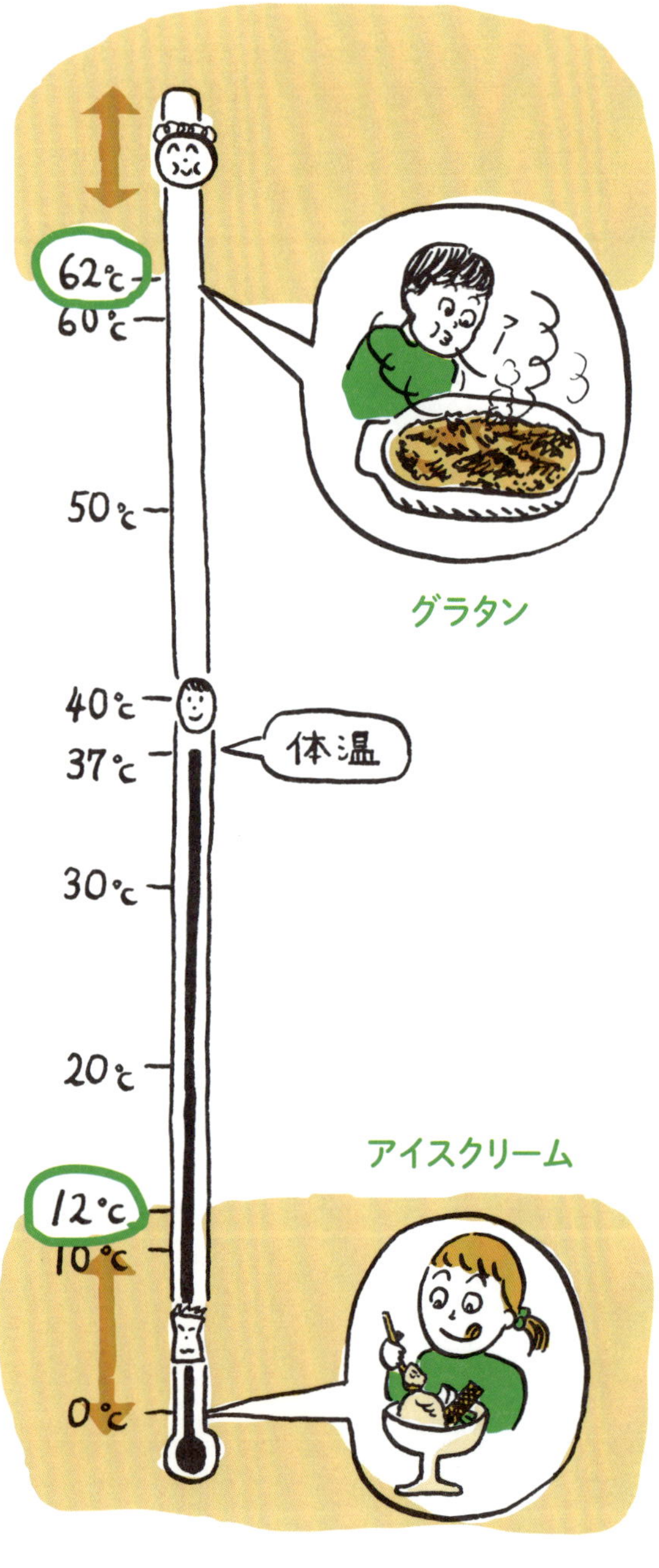
62℃
60℃
50℃
グラタン
40℃
体温
37℃
30℃
20℃
アイスクリーム
12℃
10℃
0℃

ためしてみよう
チョット
カチコチ
おいしい
とけはじめ
ゆるゆる

シャーベットじっけん

温度《おんど》によって味《あじ》がどう変《か》わるか、シャーベットでじっけんしてみよう。

1　シャーベット（好《す》きな味《あじ》のものなんでもオッケー）を、冷《れい》とう庫《こ》でカチコチにこおらせておく。

2　シャーベットを冷《れい》とう庫《こ》から出《だ》し、スプーンでけずりながらたべる。

3　すこし時間《じかん》をおいて、とけはじめたやわらかい部分《ぶぶん》をすくってたべる。

4　さいごのひと口《くち》をたべずにとっておく。ゆるゆるにとけて、冷《つめ》たくなくなったらたべる。

Q

質問《しつもん》　2→3→4で味《あじ》はどう変化《へんか》したかな？

説明《せつめい》　あまりに冷《つめ》たいものをたべると、舌《した》はじーんとしびれたようになって、甘《あま》みを感《かん》じにくくなる。少《すこ》しとけかかったくらいが、味《あじ》がはっきり感《かん》じられておいしかったんじゃないかな？　でも、完全《かんぜん》にとけてしまうと、冷《つめ》たさを感《かん》じるたのしみはなくなってしまうね。

香《かお》りや舌《した》ざわりをたのしむための温度《おんど》

たべもののにおいは、温度《おんど》が高《たか》いほど香《かお》りやすい性質《せいしつ》がある。だから、においがおいしさを決《き》めるみそ汁《しる》は、あたたかくないとものたりない味《あじ》に感《かん》じるんだね。

逆《ぎゃく》にオレンジジュースは、冷《つめ》たいほうが甘《あま》みを強《つよ》く感《かん》じ、なまぬるいとすっぱい味《あじ》が強《つよ》くなってのみにくい。

また、ポテトサラダに使《つか》われるじゃがいもは、冷《ひ》やしすぎるとほくほくした舌《した》ざわりがなくなってしまう。

暑《あつ》い夏《なつ》には冷《つめ》たいのみものがおいしいし、寒《さむ》い冬《ふゆ》にはあたたかいココアの入《はい》ったカップを両手《りょうて》で持《も》って、ふうふう言《い》いながらのむのがたのしい。

おいしい温度《おんど》とは、○度《ど》という数値《すうち》としての温度《おんど》だけはなく、においや舌《した》ざわり、手《て》のひら、そして心《こころ》でも感《かん》じるものかもしれないね。

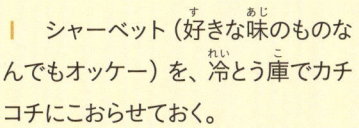

6

心《こころ》が生《う》み出《だ》すおいしさ

たべものがもともと持《も》っているおいしさに加《くわ》えて、そのときの気持《きも》ちや場面《ばめん》、だれとたべたかなど、おいしさにはいろんなことが、かかわっている。おいしさをガラリと変《か》えてしまう、心《こころ》とたべものの関係《かんけい》について考《かんが》えてみよう。

たべすぎらいって言《い》うけれど……

たべる前《まえ》からヒントがいっぱい

たべものには、においや色《いろ》、見《み》た目《め》といった、味《あじ》のほかにもおいしさの決《き》め手《て》となるポイントが、いくつもあることがわかったかな。

そんなふうに、おいしさを決《き》めるものって、ほかにはないだろうか？

たとえば、たべものを見《み》たときに、前《まえ》ににたようなたべものをたべて「おいしくなかった」と思《おも》ったときの味《あじ》を、とつぜん思《おも》い出《だ》すことってない？ それをぜんぶたべられなくて、大人《おとな》にしかられたこと、そのときの悲《かな》しかった気《き》持《も》ち……。そういった、過去《かこ》の〝きおく〟がよみがえってきて、目《め》の前《まえ》のたべもののことを「たべたくない」「おいしくなさそ

う」と思《おも》ってしまうこともある。

だから、よく「たべずぎらいはダメ！」「たべてみないとおいしいかどうかわからない！」って言《い》われるけれど、ちょっと考《かんが》えてみて。そのたべものがおいしそうか、おいしくなさそうか、好《す》きな味《あじ》かきらいな味《あじ》なのかを知《し》るヒントは、たべる前《まえ》から、すでにたくさんちらばっているんだ。

きらいな味《あじ》にどう向《む》き合《あ》おう？

おいしくなさそう…
おいしくなかった
コラー
おこられた
かなしい…
あれににてる

いちどたべていやだと思《おも》った味《あじ》や、そのときのいやな思《おも》い出《で》とセットになって、できればたべたくないものって、だれにだってある。思《おも》いきってたべてみたら今度《こんど》はおいしかった、ということもあるから、チャレンジしてみる価値《かち》はきっとある。それでも、どうしてもダメなら、無理《むり》してたべなくてもいいんじゃないかな。味《あじ》の好《この》みは、思春期《ししゅんき》（10〜18才《さい》くらい）にかけて変《か》わっていくことも多《おお》いそうだ。いまきらいな味《あじ》が、大人《おとな》になれば好《す》きな味《あじ》に変《か》わっているかもしれないよ。

はらペコだとおいしい

〝たべたいスイッチ〟をオンにしよう

からだをいっぱい動《うご》かしたあと、おなかがペコペコのときにたべるおにぎりって、おいしいね。どうしてはらペコのときにたべると、あんなにおいしいんだろう？

はらペコのとき、きみの〝たべたいスイッチ〟はオンになる。たくさん運動《うんどう》したあとや真剣《しんけん》に勉強《べんきょう》したあと、しばらくなにもたべていなかったときなどにね。

〝たべたいスイッチ〟って、どこにあるか知《し》ってる？　ひとつはおなかで、もうひとつは心《こころ》だ。おなかと心《こころ》が同時《どうじ》に「たべたい」と感《かん》じると、〝たべたいスイッチ〟は入《はい》る。そういうときにたべると「おいしい！」って感《かん》じるんだ。

頭《あたま》で
たべなきゃ
と考《かんが》えると…

おなかと心《こころ》が
たべたい
と思《おも》うと…

おなかと心《こころ》の声《こえ》をきこう

逆《ぎゃく》に、〝たべたいスイッチ〟が入《はい》っていないときは、おいしさを感《かん》じにくい。たとえば、おなかがいっぱいのときには、〝たべたいスイッチ〟が入《はい》らない。人《ひと》から「たべなさい」って言《い》われたり、「お昼《ひる》の時間《じかん》だから」などと決《き》められたりして、おなかがすいていないのに仕方《しかた》なくたべるときも同《おな》じ。「決《き》まりだから」「おこられるから」「はやっているから」と、頭《あたま》で考《かんが》えてたべるとき――、つまり、おなかの声《こえ》と自分《じぶん》の気持《きも》ちを無視《むし》してしまうと、〝たべたいスイッチ〟は入《はい》りにくくなるんだ。

大切《たいせつ》なのは、はらペコかどうかと、自分《じぶん》にとって「おいしそう」かどうかだ。ごはんをたべる前《まえ》に、おなかと心《こころ》の声《こえ》に耳《みみ》をすませてみよう。きみのおなかはちゃんとはらペコで、心《こころ》は「いますぐたべたい！」と感《かん》じているだろうか？

ほかの人《ひと》が**おいしい**と言《い》ったからといって…

自分《じぶん》から**たべたい**と思《おも》ったときは…

たのしい気持《きも》ちだとおいしい

心《こころ》のスイッチを入《い》れるには?

〝たべたいスイッチ〟があるのは、ひとつはおなかで、もうひとつが心《こころ》。おなかのほうは、はらペコのときにスイッチが入《はい》るようだけど、心《こころ》のほうはどんなときにスイッチが入《はい》るんだろう……?

心《こころ》のスイッチをオンにするために、いちばん大切《たいせつ》なのは、たべるときにたのしい気持《きも》ちかどうかだ。リラックスしていて、落《お》ち着《つ》いた気分《きぶん》だともっといい。

逆《ぎゃく》に、きんちょうしてドキドキしていたり、どこかいたいところがあってつらい気持《きも》ちだったり、心配《しんぱい》ごとがあって心《こころ》が苦《くる》しかったり、ひとりぼっちでさみしい気分《きぶん》だったり……。

そういう〝たのしい〟とは言《い》えない気《き》分《ぶん》のときは、目《め》の前《まえ》にどんなにおいしそうなたべものがあっても、たべたいって思《おも》えなかったりする。

もちろん、たべることで、たのしい気《き》持《も》ちをとり戻《もど》せることもあるね。「たべる」ことと「たのしい気《き》持《も》ち」がセットだと、同《おな》じたべものでも、もっとおいしく感《かん》じられるよ。

たのしい気持《きも》ちになるのはどんなとき?

食事中《しょくじちゅう》、きみはどんなときにたのしい気持《きも》ちになるだろうか。その日《ひ》あったたのしいできごとをだれかに話《はな》しているとき?　たんじょう日《び》にみんなが集《あつ》まってお祝《いわ》いをしてくれるとき?　たのしい場面《ばめん》を思《おも》い浮《う》かべながら、そのときの食事《しょくじ》の味《あじ》をどう感《かん》じたか、考《かんが》えてみよう。

こんな気持《きも》ちのときにはたべたくない!

からだのどこかがいたいとき

おちこんでいるとき

きんきゅうじたいのとき

いっしょにたべると おいしい

なにをたべるかより だれとたべるか

だれかといっしょにたべると、自然《しぜん》とたのしい気《き》持《も》ちにならないかな？ 遠足《えんそく》で友《とも》だちといっしょにたべるお弁当《べんとう》、お花見《はなみ》のときに大勢《おおぜい》でたべるごはん、お正月《しょうがつ》におじいちゃんやおばあちゃんやいとこ、親《しん》せきの人《ひと》たちがそろってみんなでたべる食事《しょくじ》……。

いっしょにいてたのしい人《ひと》たちと、わいわいにぎやかにたべるときって、お皿《さら》の上《うえ》にどんな味《あじ》のたべものがのっているかよりも、そのときのたのしい気《き》持《も》ちに引《ひ》っぱられて、いつもと同《おな》じたべものが、いつもよりもっとおいしく感《かん》じられたりもする。

まわしのみで
団結力《だんけつりょく》を高《たか》めた

戦国時代《ぜんごくじだい》の武士《ぶし》たちは、酒《さけ》の席《せき》でひとつのさかずきに酒《さけ》を注《そそ》ぎ、みんなでまわしてのんだ。こうすることで、主人《しゅじん》への忠誠《ちゅうせい》を誓《ちか》い、なかまどうしの結《むす》びつきを高《たか》めていたとされる。

ふだんの食卓《しょくたく》でも

もちろん毎日《まいにち》パーティーっていうわけにはいかないけれど、ふだんからそんなふうにたのしい気持《きも》ちで、食卓《しょくたく》を囲《かこ》むことができるといいね。

　みんなが忙《いそが》しくしているいまの時代《じだい》、ふだんの食事《しょくじ》は、家族《かぞく》がバラバラにたべるのがあたり前《まえ》になってしまっていることも多《おお》い。家《いえ》にいっしょにいたとしても、お母《かあ》さんは台所《だいどころ》で忙《いそが》しくしていて、お父《とう》さんは仕事《しごと》からまだ帰《かえ》っていなくて、子《こ》どもだけひとりぼっちでもくもくとたべている……なんてことも少《すく》なくないのではないかな？

　ふだんはむずかしくても、休日《きゅうじつ》などに工夫《くふう》すれば全員《ぜんいん》で食卓《しょくたく》を囲《かこ》むことができるかもしれない。1週間《しゅうかん》のうち、少《すこ》しだけでもいっしょに食事《しょくじ》をする時間《じかん》を持《も》てないか、話《はな》し合《あ》ってみよう。

自《じ》分《ぶん》でつくるとおいしい

自《じ》分《ぶん》でつくれば好《す》きな味《あじ》つけにできる

きみは料理《りょうり》をしたことがあるかな？　大人《おとな》といっしょになにかつくったことがあるという人《ひと》も多《おお》いかもしれないね。

自《じ》分《ぶん》でつくったたべものって、なぜかいつもよりおいしく感《かん》じられたりする。それはどうしてだろう？

「料理《りょうり》ってたのしい！」っていうわくわくした気《き》持《も》ちでつくってたべるから、おいしく感《かん》じるのかもしれない。もちろん、味《あじ》見《み》もたのしいね。

いろいろ工《く》夫《ふう》しながら、材《ざい》料《りょう》をおいしい料理《りょうり》へと変《へん》身《しん》させていく。その過《か》程《てい》はじっけんみたいでたのしいし、なによりできあがったときのよろこびがある。

「たべる」だけだった食事《しょくじ》が、「つくる」ところから参《さん》加《か》すると、もっと身《み》近《ぢか》でたのしい時《じ》間《かん》になるよ

それに、自分《じぶん》でつくれば、自分《じぶん》が好《す》きな味《あじ》つけにできる。ちょっと塩《しお》をたしてみよう、もう少《すこ》し甘《あま》くしてみよう、この調味料《ちょうみりょう》を加《くわ》えたらどんな味《あじ》になるかな……？ そんなふうに好《す》きな味《あじ》のつくりかたを発見《はっけん》するのもたのしいね。

料理《りょうり》に参加《さんか》してみよう

でも料理《りょうり》って「むずかしいもの」「大人《おとな》がするもの」って思《おも》いこんでいないかな？ もちろんコックさんがつくるような手《て》のこんだ料理《りょうり》は、かんたんには真似《まね》できないけれど、家《いえ》でたべる料理《りょうり》はもっと気軽《きがる》なものでいいし、子《こ》どもにだってつくれるものはたくさんある。

料理《りょうり》とは、材料《ざいりょう》をたべやすく、おいしい状態《じょうたい》に変《か》えること。だから、そのままでおいしい材料《ざいりょう》には、ほとんど手《て》を加《くわ》えなくてもいい。たとえばプチトマトを洗《あら》ってお皿《さら》にのせて、食卓《しょくたく》に出《だ》すだけだって料理《りょうり》だ。身近《みぢか》な材料《ざいりょう》で「これならできる！」という料理《りょうり》に挑戦《ちょうせん》してみよう。

チョット かんがえてみよう

料理《りょうり》にちょこっと参加《さんか》してみよう

家《いえ》の台所《だいどころ》で、ちょっとだけ料理《りょうり》に参加《さんか》してみるとしたら、どんなアイデアを思《おも》いつくかな？ 考《かんが》えてみよう。さいしょはおやつやデザートでもいいね。もっと工夫《くふう》してみたいと思《おも》うようになったら、この本《ほん》の2〜3章《しょう》で紹介《しょうかい》しているような料理《りょうり》にもチャレンジしてみよう！

からあげにレモンをしぼる
レモンをしぼると味《あじ》はどう変《か》わるだろう？
アイスクリームにトッピングをする
どんなトッピングが合《あ》うかな？

その国《くに》のルールで たべるとおいしい

たべかたのルールは世界中《せかいじゅう》でさまざま

「はしを正《ただ》しく持《も》って」「手《て》づかみはダメ」など、食事《しょくじ》のとき、たべかたについて、いろんなことを言《い》われるね。

世界《せかい》にはさまざまなたべかたのルールがある。たべものの種類《しゅるい》や、たべものを入《い》れる食器《き》の形《かたち》、文化《ぶんか》や宗教《しゅうきょう》、時代《じだい》などの背景《はいけい》から、それぞれの食事《しょくじ》をおいしくたべるためのルールができたんだ。

手《て》・はし・フォーク、なにでたべる？

日本《にほん》をはじめ、中国《ちゅうごく》や韓国《かんこく》など東《ひがし》アジアの国《くに》では、はしを使《つか》ってごはんをたべる。東《ひがし》アジアの米《こめ》はねばりけがあってまとまりやすいから、はしでもたべやすいんだ。パラパラとしたねばりけのない米《こめ》をたべる東南《とうなん》アジアなどでは、スプーンやフォークが使《つか》われている。

また、南《みなみ》アジアや東南《とうなん》アジア、太平洋《たいへいよう》の島々《しまじま》、アフリカなどでは、ふだんの食事《しょくじ》を手《て》でたべる人《ひと》もたくさんいる。ヨーロッパではいまではフォーク、ナイフ、スプーンが使《つか》われているけれど、中世《ちゅうせい》ごろまでは手《て》づかみでたべていたそうだ。

食器《しょっき》をおく位置《いち》のルール

西洋《せいよう》

皿《さら》の左側《ひだりがわ》にフォーク、右側《みぎがわ》にナイフ、スプーンをたて向《む》きにならべる。コース料理《りょうり》では、皿《さら》がとりかえられるたびに外側《そとがわ》のものから使《つか》う。

中国《ちゅうごく》

大皿《おおざら》からひとり分《ぶん》をとり皿《ざら》にとってたべる。とり皿《ざら》の右《みぎ》にはしやれんげ（汁《しる》ものをすくうもの）をたて向《む》きにならべる。

日本《にほん》

ごはんなどの主食《しゅしょく》を左手前《ひだりてまえ》、汁《しる》ものを右手前《みぎてまえ》、魚《さかな》やおひたしなどのおかずを奥《おく》にならべる。はしは横向《よこむ》きにして手前《てまえ》に。

少《すこ》したべ残《のこ》す

日本《にほん》ではつくってくれた人《ひと》への感謝《かんしゃ》を表《あらわ》すために、残《のこ》さずにたべるのがルール。中国《ちゅうごく》や韓国《かんこく》などの正式《せいしき》な食《しょく》事《じ》では、「たっぷりごちそうになりました」という気持《きも》ちを伝《つた》えるために、たべものを少《すこ》し残《のこ》すのがよいとされる。

手《て》でたべる

南《みなみ》インドでは、お皿《さら》がわりのバナナの葉《は》にもられたごはんを、右手《みぎて》の親指《おやゆび》、ひとさし指《ゆび》、中指《なかゆび》でつまんで、おかずとまぜながら器用《きよう》に口《くち》にはこぶ。手《て》でたべると、味《あじ》だけじゃなく、手《て》ざわりもたのしめておいしい。

音《おと》をたててたべる

たべるときに、くちゃくちゃと音《おと》をさせてはいけないのは、世界共通《せかいきょうつう》のルール。日本《にほん》ではそばやうどんなどのめん類《るい》をたべるときは例外《れいがい》で、ズズッと音《おと》をたてながらたべる。勢《いきお》いよく空気《くうき》とともに口《くち》に入《い》れることで、つゆやめんの香《かお》りを感《かん》じやすくなるという説《せつ》もある。

食器《しょっき》を持《も》ちあげない

日本《にほん》ではごはん茶《ちゃ》わんやみそ汁《しる》のおわんを片手《かたて》で持《も》ちあげて、もう片方《かたほう》の手《て》ではしを持《も》ってたべるのが基《き》本《ほん》。韓国《かんこく》ではごはんやスープを入《い》れた食器《しょっき》はおいたまま、スプーンやはしでたべる。

「おいしい」と言《い》うとおいしくなる

「おいしい」ってむずかしくない

おいしくたべられるのは、たくさんの〝おいしい条件《じょうけん》〟がつみ重《かさ》なってできる結果《けっか》だ。たべものの〝たべごろ〟をえらんだかどうか、ちょうどよい塩《しお》かげんかどうか、きれいにもりつけられているかどうか、おなかがすいているときに、それをたのしい気分《きぶん》でたべたかどうか――。

そう考《かんが》えると、〝おいしい〟を実現《じつげん》するのってむずかしそう？　いやいや、おいしさの基本《きほん》はとても単純《たんじゅん》でかんたんなこと。好《す》きなものを、好《す》きな人《ひと》と、たのしくたべる。それだけで「おいしい」っていう気持《きも》ちが自然《しぜん》にわきおこる。それでじゅうぶんなんだ。

おいしくないものは少《すく》ない

いまの日本《にほん》は豊《ゆた》かで、おいしいものがあふれている。テレビや広告《こうこく》でも、毎日《まいにち》のようにおいしそうなたべものやあたらしいお店《みせ》の情報《じょうほう》を目《め》にするね。おいしい料理《りょうり》になれっこになるうち、「このお店《みせ》の味《あじ》はいまいちだね」「なんか安《やす》っぽい味《あじ》だね」……などと、まるで批評家《ひひょうか》のように欠点《けってん》をあげる人《ひと》もいる。でも、それってなんだかちょっと、もったいないね。

どうせ口《くち》にするなら、たべもののおいしい面《めん》に注目《ちゅうもく》したい。そのほうがきっと、みんながたのしい気《き》持《も》ちになる。

「おいしい」は世界共通《せかいきょうつう》のまほうのことば。言《い》うだけで、本当《ほんとう》においしく、たのしくなれる。たべものを口《くち》にしたら、とりあえず「これ、おいしいね」と言《い》いながらたべてみよう。

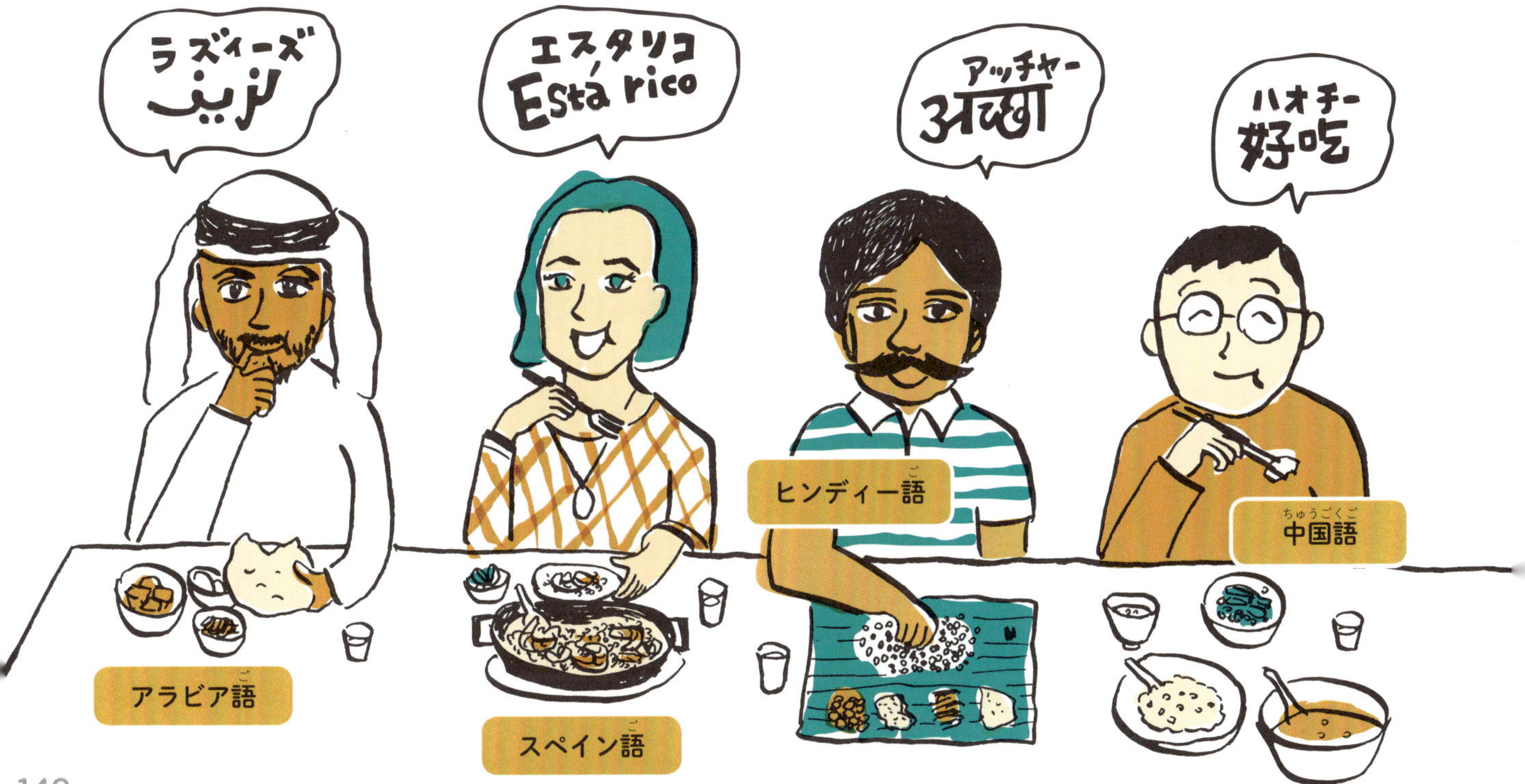
ラズィーズ
لذيذ
エスタリコ
Está rico
アッチャー
अच्छा
ハオチー
好吃
アラビア語《ご》
スペイン語《ご》
ヒンディー語《ご》
中国語《ちゅうごくご》

7

からだがよろこぶ たべものと たべかた

たべたもののえいきょうを受《う》けて、人《ひと》は元気《げんき》になったり、ふとったり、やせたり、ときにはおなかがいたくなったりもする。たべものは、人《ひと》のからだにどのようにはたらきかけるのだろう？　大切《たいせつ》なからだを生《い》かすために、自分《じぶん》でたべものをえらぶ力《ちから》をつけていこう。

にこにこ
げんき
チップス
せいちょう
おなかをこわす
ふとる

たべものが元気《げんき》をつくる

たべもので パワーをチャージしよう

けいたい電話《でんわ》に充電《じゅうでん》が必要《ひつよう》なのと同《おな》じように、からだにも充電《じゅうでん》をしてあげる必要《ひつよう》がある。そのためのエネルギーになるのが、たべものだ。

からだを温《あたた》めたり、歩《ある》いたり、走《はし》ったりするためのエネルギーとなるたべもの、からだが元気《げんき》でいられるようにと、からだのいろいろなはたらきを調整《ちょうせい》するためのたべもの。からだは、たべものがあるから、元気《げんき》にはたらきつづけてくれるんだ。

からだじゅうの細胞《さいぼう》が栄養《えいよう》をほしがっている

じゅうでんちゅう！
50%
25%
おなかすいた！
おなかすいた

人《ひと》のからだは、何十兆個《なんじゅっちょうこ》ものごくごく小《ちい》さな細胞《さいぼう》からつくられている。きみがものをたべることは、きみのからだにあるひとつひとつの細胞《さいぼう》にたべさせてあげるということ。細胞《さいぼう》たちを元気《げんき》に生《い》かすためには、どんなものをどのくらいたべるかが大切《たいせつ》になってくるんだ。

たべたものがうんちになるまで

のみこんだたべものは、
そのあとどうなるか知《し》っているかな？
口《くち》からはじまる、たべものの旅《たび》を見《み》てみよう。

たべものが口《くち》から胃《い》にとどくまではあっというま。汁《しる》っぽいたべものなら1秒《びょう》、かたまりのたべものでも6〜7秒《びょう》しかかからない

1 口《くち》のなかでくだかれる

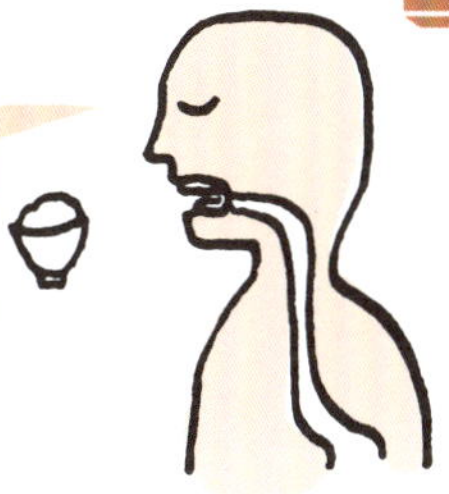

口《くち》に入《はい》ったたべものは、歯《は》でこまかくかみくだかれ、だえきでとかされる。からだがたべものを栄養《えいよう》としてとりこむための、さいしょのステップ。

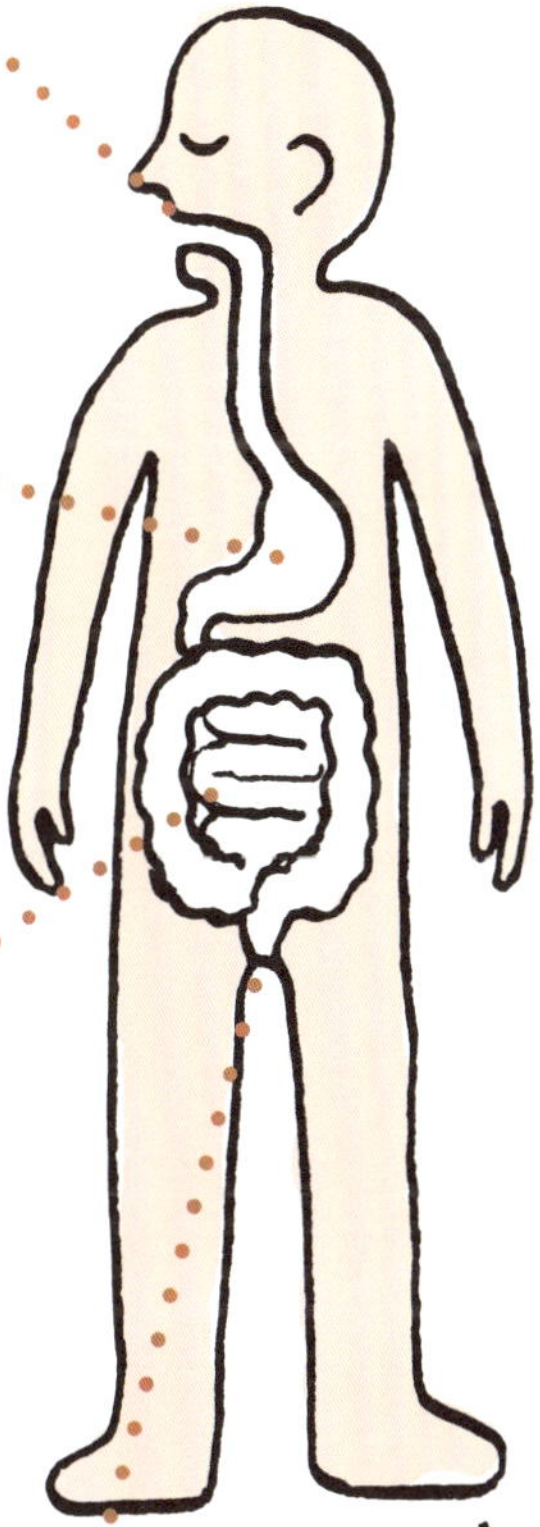

2 胃《い》ですりつぶされる

とりこまれた栄養《えいよう》は、血液《けつえき》によって、からだじゅうの細胞《さいぼう》に届《とど》けられる

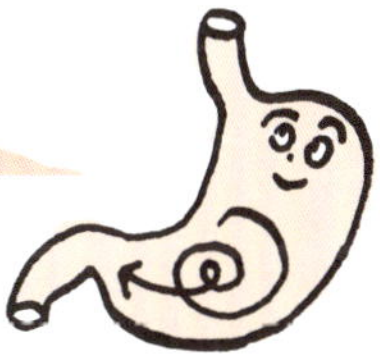

胃《い》にたべものが入《はい》ると、ぎゅうぎゅうとパン生地《きじ》をこねるように胃全体《いぜんたい》が動《うご》いてつぶされる。同時《どうじ》に胃液《いえき》が出《で》て、たべものはドロドロにとかされる。

3 腸《ちょう》で栄養《えいよう》がとりこまれる

胃《い》でとけたたべものは、腸《ちょう》という長《なが》いくだのなかを旅《たび》する。はじめは小腸《しょうちょう》という細《ほそ》いくだを通《とお》りながら、たべものの栄養《えいよう》だけがとりこまれる。次《つぎ》に大腸《だいちょう》という太《ふと》いくだを通《とお》り、たべもののかすから水分《すいぶん》がとりこまれる。

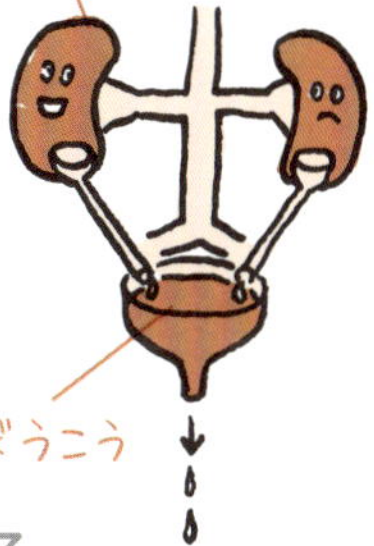

おしっこ

おしっこは、血液《けつえき》のなかのゴミ。そら豆《まめ》のような形《かたち》をしたじんぞうでつくられて、ぼうこうにたまる。ぼうこうがいっぱいになると、おしっこをしたくなる。

たべものがうんちになるまで、およそ1〜2日《か》かかる

4 うんちが出《で》る

のこったたべもののかすは、うんちとしてすてられる。

たべたものがからだをつくる

いろいろなえいきょうがからだに表《あらわ》れる

口《くち》から入《はい》ったたべものは、うんちとしてお尻《しり》から出《で》てくるまでに、1日《にち》以上《いじょう》かけてからだのなかを旅《たび》する。その旅《たび》のとちゅうで、たべものにふくまれるさまざまな栄養《えいよう》がとり入《い》れられ、からだにいろいろなえいきょうを与《あた》えているんだ。

スゴロク
SUGO ROKU

スタート

ごはんをもりもりたべて、元気《げんき》いっぱい！　3コマすすむ

ごはんやめん類《るい》、パン、さとう、いも類《るい》などには、からだを動《うご》かすエネルギーになる栄養《えいよう》がたくさんふくまれている。からだのなかで、車《くるま》のガソリンのようにはたらき、たべると力《ちから》がわき出《で》る。

からだを動《うご》かすエネルギーになるたべもの

おなかをこわして　2コマもどる

骨《ほね》が折《お》れて1回休《かいやす》み

牛乳《ぎゅうにゅう》や小魚《こざかな》、チーズ、ヨーグルトなどにふくまれるカルシウムは、丈夫《じょうぶ》な骨《ほね》をつくるために欠《か》かせない。運動《うんどう》でからだを動《うご》かすことと、太陽《たいよう》にあたることも大切《たいせつ》。

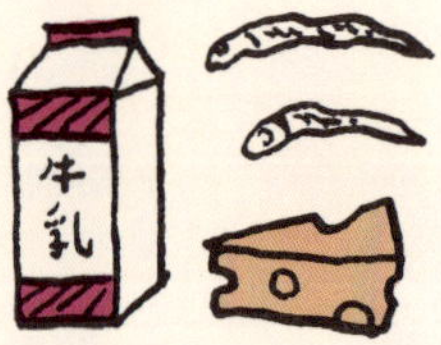

骨《ほね》を強《つよ》くするたべもの

毎日《まいにち》、元気《げんき》でいられたり、背《せ》がのびたり、ときにはおなかをこわしたりするのも、たべもののえいきょう。どんなえいきょうが出《で》るのかは、たべものの種類《しゅるい》によってもちがう。きみは今日《きょう》1日《にち》、どんなものをたべたかな？

肉《にく》や魚《さかな》をたべて、ぐんぐん大《おお》きくなる　2コマすすむ

からだは筋肉《きんにく》や骨《ほね》、皮《ひ》ふ、かみの毛《け》、爪《つめ》、脳《のう》、内《ない》ぞう、血液《けつえき》などからつくられている。そのすべての材料《ざいりょう》となっているのが、たんぱく質《しつ》という栄養《えいよう》。たんぱく質《しつ》は、肉《にく》や魚《さかな》、だいず製品《せいひん》、卵《たまご》などにたくさんふくまれている。

のどがかわいたので水《みず》をたっぷりのむ

1コマすすむ

いろんな野菜《やさい》をたくさんたべて、肌《はだ》がつやつやになる

2コマすすむ

野菜《やさい》やきのこ類《るい》、海《かい》そう、くだものなどには、からだの調子《ちょうし》をととのえるための栄養《えいよう》がたっぷり。しっかりたべるとかぜをひきにくくなり、からだのなかはもちろん、外側《そとがわ》の肌《はだ》も元気《げんき》になる。

たべすぎて動《うご》けなくなる

1回休《かいやす》み

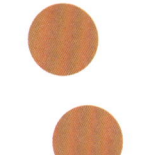

たべもののアレルギー

たべると〝毒《どく》〟になる

毎日《まいにち》を元気《げんき》にすごすために、いろんなたべものをたべるのはいいことだけど、みんなが同《おな》じものをたべられるわけではない。

「アレルギー」って聞《き》いたことはあるかな？　なにかのたべものをたべたあとに、肌《はだ》がかゆくなったり、赤《あか》くなったり、せきやくしゃみ、息苦《いきぐる》しさ、はきけ、げりなどがおきる。それがたべものによるアレルギーだ。

昔《むかし》に比《くら》べて、アレルギーの人《ひと》はふえていると言《い》われている。人《ひと》によって、原因《げんいん》となるたべものや症状《しょうじょう》の出《で》かたはちがって、ときにはいのちが危険《きけん》な状態《じょうたい》になることもある。

息《いき》が苦《くる》しい
ゼイゼイ
ヒューヒュー
おなかがいたい
はきけ
げり
くしゃみ
はなみず
かゆみ
しっしん
じんましん

アレルギーがおきやすいたべもの

アレルギーを引《ひ》きおこすたべものとして多《おお》いのは、卵《たまご》、牛乳《ぎゅうにゅう》、小麦《こむぎ》。これらはケーキやおやつ、パンなど身近《みぢか》なたべものにもよく使《つか》われる。最近《さいきん》はアレルギーの人向《ひとむ》けに、卵《たまご》や牛乳《ぎゅうにゅう》を使《つか》っていないおやつや、小麦粉《こむぎこ》のかわりに米《こめ》を粉《こな》にしたものからつくられたケーキなども登場《とうじょう》している。

そのほか、さばやえび、かになどの魚《ぎょ》介類《かいるい》、だいず、ナッツ、そばなどもアレルギーの原因《げんいん》になる。

たべるだけでなく、そばやピーナッツなどは、たべもののにおいを吸《す》ったり、さわったり、たべている人《ひと》に近《ちか》づいたりするだけで危険《きけん》なこともある。だから、身《み》近《ぢか》にアレルギーの人《ひと》がいるときは、まわりの人《ひと》の協力《きょうりょく》も欠《か》かせないんだ。

アレルギーの人《ひと》にとっては、症状《しょうじょう》が出《で》るたべものを「たべない」ことでしか身《み》を守《まも》れない。まわりの人《ひと》もあたたかく見守《みまも》りたいね。

宗教《しゅうきょう》や習慣《しゅうかん》によるちがい

いろいろな理由《りゆう》でたべられないものがある

ふだんあたり前《まえ》にたべているものが、世界中《せかいじゅう》で同《おな》じようにたべられているとはかぎらない。宗教《しゅうきょう》の教《おし》えによってたべてはいけないもの、国《くに》によってたべる習慣《しゅうかん》がないものもある。

アレルギーや好《す》ききらいでたべられないのではなく、とくていのたべものを「たべない」ようにしている人《ひと》が、きみの身《み》近《ぢか》にいないかな？ いまは出会《であ》ったことがなくても、この先《さき》、外国《がいこく》の人《ひと》たちといっしょに食事《しょくじ》をすることがあるかもしれない。そんなちがいにも目《め》を向《む》けながら、どうやったらいっしょにたのしく食事《しょくじ》ができるか、考《かんが》えていくことも大切《たいせつ》だ。

さまざまな肉《にく》

イスラム教《きょう》やユダヤ教《きょう》では、ぶた肉《にく》をたべてはいけない。そのほかの肉《にく》も、殺《ころ》しかたがさだめられた手順《てじゅん》に従《したが》ったものしかたべられない。ヒンドゥー教《きょう》では、神聖《しんせい》な生《い》きものと考《かんが》えられている牛《うし》の肉《にく》をたべてはいけないと教《おし》えている。仏教《ぶっきょう》ではもともと、あらゆる生《い》きものを殺《ころ》すことを禁《きん》じていて、いまでもこの教《おし》えを守《まも》って肉《にく》や魚《さかな》をたべないお坊《ぼう》さんもいる。

“親《おや》と子《こ》”のくみ合《あ》わせ

ユダヤ教《きょう》では、「子《こ》やぎの肉《にく》を、その母《はは》の乳《ちち》で煮《に》てはならない」という教《おし》えがあって、生《い》きものの親《おや》と子《こ》をくみ合《あ》わせてたべることを禁《きん》じている。たとえば日本人《にほんじん》にとって身近《みぢか》な親子丼《おやこどん》（にわとりの肉《にく》とにわとりの卵《たまご》）や、さけいくら丼《どん》（さけの身《み》とさけの卵《たまご》）といったくみ合《あ》わせはたべられない。

海外《かいがい》ではあまりたべられない日本《にほん》のたべもの

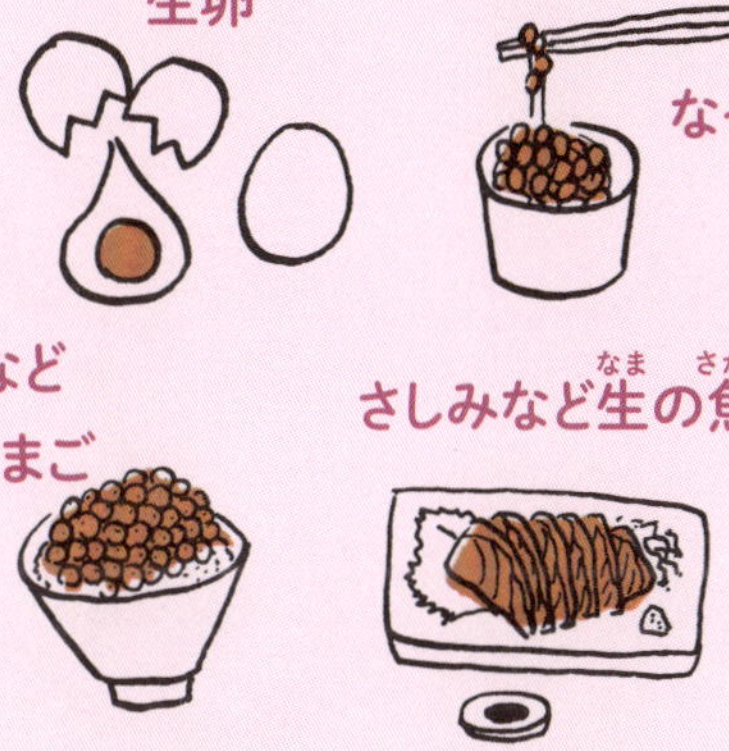

生卵《なまたまご》

なっとう

いくらなど
魚《さかな》のたまご

さしみなど生《なま》の魚《さかな》

日本《にほん》でたべる習慣《しゅうかん》のないたべもの

かたつむり
（フランス）

血《ち》のソーセージ
（ヨーロッパ、東《ひがし》アジア）

スープやなべ料理《りょうり》に入《い》れられる

血《ち》のゼリー
（台湾《たいわん》、中国《ちゅうごく》など）

タランチュラ
（カンボジア、オーストラリア、南米《なんべい》）

からあげが人気《にんき》！

ベジタリアン

宗教《しゅうきょう》とは別《べつ》に、個人《こじん》の考《かんが》えによって動物《どうぶつ》の肉《にく》や魚《さかな》をたべない人《ひと》もいる。たべるために動物《どうぶつ》を殺《ころ》さなくてもよい牛乳《ぎゅうにゅう》や卵《たまご》、チーズはたべるという人《ひと》もいるし、動物《どうぶつ》からつくられるたべものはまったくたべないという人《ひと》もいる。

しげき的《てき》な香《かお》りの野菜《やさい》

仏教《ぶっきょう》の修行僧《しゅぎょうそう》のあいだでは、にんにく、ねぎ、にら、らっきょうなどの、香《かお》りが強《つよ》い野菜《やさい》は、修行《しゅぎょう》のさまたげになるとされ、たべてはいけない。

土《つち》のなかの野菜《やさい》

ジャイナ教《きょう》では、たまねぎ、にんじん、ごぼう、じゃがいもなどの土《つち》のなかにできる野菜《やさい》をたべることを禁《きん》じている。ほりおこすときに、土《つち》のなかの生《い》きものを殺《ころ》してしまうのをさけるためと言《い》われている。

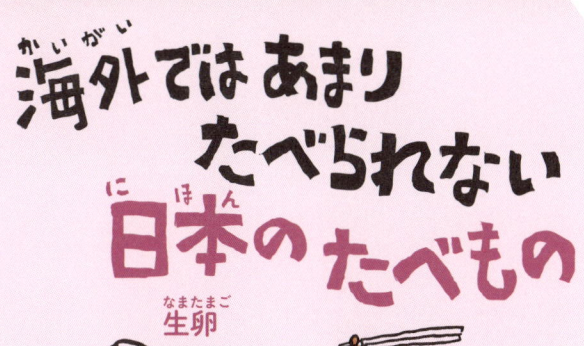

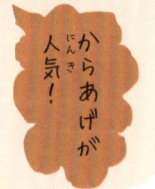

なにをどのくらいたべよう？

きのうたべたものを言《い》える？

何十兆個《なんじゅっちょうこ》もあるからだの細胞《さいぼう》を元気《げんき》にするために、きみはどんなたべものをたべているだろうか？　細胞《さいぼう》が必要《ひつよう》としている栄養《えいよう》をきちんととり入《い》れているかどうか、なにをたべて、なにをたべていないか――。毎日《まいにち》、口《くち》にしているたべもののことを、きちんと説明《せつめい》できるかな？

　きのうたべたものなんて思《おも》い出《だ》せない、という人《ひと》もいるかもしれないね。ときには朝《あさ》、昼《ひる》、晩《ばん》のごはんにどんなものをたべたか、日記《にっき》をつけてみるのはどうだろう？　5日間《かかん》ほどつければ、きみがふだんどんなものをたべているか、とくちょうが見《み》えてくるはずだ。

人《ひと》によってからだの
大《おお》きさや、からだのクセも
ぜんぜんちがうね

ドーナツだけじゃ生《い》きられない

たべもの日記《にっき》をつけたら、154〜155ページのたべものを見《み》てみよう。大《おお》きくわけると「からだを動《うご》かすエネルギーになるたべもの」「骨《ほね》を強《つよ》くするたべもの」「からだをつくる材料《ざいりょう》になるたべもの」「肌《はだ》やからだの調子《ちょうし》をととのえるたべもの」がある。アレルギーや宗教《しゅうきょう》などの理由《りゆう》でたべられない場合《ばあい》をのぞき、これらをぜんぶたべているかな?

肝心《かんじん》なのは「〇〇だけ」にかたよってたべているものや、きょくたんにたべていないたべものがないこと。ドーナツだけ、ハンバーグだけ……では、ざんねんながら人《ひと》は元気《げんき》に生《い》きていけない。

たくさんのたべものから、必要《ひつよう》なものを自分《じぶん》で考《かんが》えてえらべるようになること。それは、きみ自身《じしん》を生《い》かす力《ちから》を身《み》につけるということだ。

ためしてみよう　チェック

栄養《えいよう》の呪文《じゅもん》

ウオイチ（ニクイチ）
マメイチ
タマゴイチ
ギュウニュウニハイニ
ヤサイハゴサラ
ゴハンハシッカリ
オヤツハクダモノ

これは、1日分《にちぶん》の栄養《えいよう》をとるためにたべたい料理《りょうり》の皿数《さらかず》の目安《めやす》。なにをたべるかまよったときにヒントになるよ。魚《さかな》（または肉《にく》）と、だいずを使《つか》った料理《りょうり》や豆腐《とうふ》は1皿《さら》、卵《たまご》1個《こ》、牛乳《ぎゅうにゅう》2杯《はい》、野菜《やさい》は5皿《さら》、ごはん（または麺《めん》、パン）は1食《しょく》につき1皿《さら》、おやつはできればスナック菓子《がし》よりくだものを。

ちょうどよい1食分《しょくぶん》の量《りょう》も、人《ひと》それぞれだと思《おも》うよ
自分《じぶん》のからだになにをたべさせてあげるとよろこぶかな?

たべものから広《ひろ》がる大人《おとな》の世界《せかい》

おまけ

たべものとくらし

たべものはいつだって身近《みぢか》な存在《そんざい》だ。もちろん子《こ》どものときもそうだけど、大人《おとな》になるとふだんのくらしや仕事《しごと》を通《とお》して、もっと深《ふか》くたべものとかかわることもできる。そんな大人《おとな》の世《せ》界《かい》をチラリとのぞいてみよう。

身近《みぢか》な人《ひと》のために料理《りょうり》をする

大人《おとな》はいっしょにくらす子《こ》どもや家族《かぞく》のために料理《りょうり》をつくる。毎日《まいにち》メニューを考《かんが》えて、料理《りょうり》をつくるって正直《しょうじき》タイヘン！　でも「おいしい」って言《い》ってもらえると、またつくろうって思《おも》えるんだ。

自分《じぶん》のために料理《りょうり》をする

だれもつくってくれる人《ひと》がいないときは、自分《じぶん》のために料《りょう》理《り》をつくってたべる。もちろん、お店《みせ》で買《か》った弁当《べんとう》やおかずをたべることもあるよ。

お店《みせ》にたべに行《い》く

ときにはお店《みせ》に行《い》って、お金《かね》を払《はら》っておいしいものをたべることもある。大人《おとな》のあいだでは「のみ会《かい》」って呼《よ》ばれたりもする。たべながらお酒《さけ》をのんだり、おしゃべりをたのしんだりするよ。

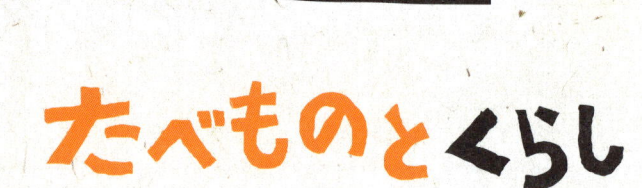

料理《りょうり》をつくる仕事《しごと》

板前《いたまえ》さん

すし屋《や》、そば屋《や》、うなぎ屋《や》、てんぷら屋《や》、和食屋《わしょくや》など、昔《むかし》ながらの日本《にほん》のたべものを出《だ》すお店《みせ》で料理《りょうり》をする人《ひと》。一人前《いちにんまえ》の板前《いたまえ》さんになるまでには長《なが》い修業《しゅぎょう》が必要《ひつよう》。

コックさん

洋風料理《ようふうりょうり》のお店《みせ》で、料理《りょうり》をつくる仕事《しごと》。レストランやホテルなどではたらく。コックさんのなかでもトップの料理長《りょうりちょう》はシェフと呼《よ》ばれる。あたらしい料理《りょうり》を考《かんが》えるのも仕事《しごと》のうち。

弁当屋《べんとうや》

弁当《べんとう》をつくって、売《う》る仕事《しごと》。朝《あさ》早《はや》くから材料《ざいりょう》をしこんだり、手《て》早《ばや》くたくさんの弁当《べんとう》をつくるためのスピードも大切《たいせつ》。

ケータリング

パーティーやイベントなどに出《で》かけて、料理《りょうり》をふるまったり、その場《ば》で料理《りょうり》をつくったりする。お客《きゃく》さんのリクエストにこたえて、料理《りょうり》で場《ば》をもりあげ、人《ひと》をよろこばせるのが仕事《しごと》。

パティシエ

ケーキやチョコレート、クッキーなどの洋菓子《ようがし》をつくる仕事《しごと》。ケーキ屋《や》さんのほか、ホテルやレストランでデザートをつくったりもする。

給食《きゅうしょく》をつくる人《ひと》

学校《がっこう》にかよう子《こ》どもたちのために毎日給食《まいにちきゅうしょく》をつくる。大《おお》きななべで一度《いちど》にたくさんの量《りょう》をつくるから体力《たいりょく》がいる仕事《しごと》。学校《がっこう》のほか、老人《ろうじん》ホームなどの福祉施設《ふくししせつ》でも給食《きゅうしょく》をつくる人《ひと》が必要《ひつよう》。

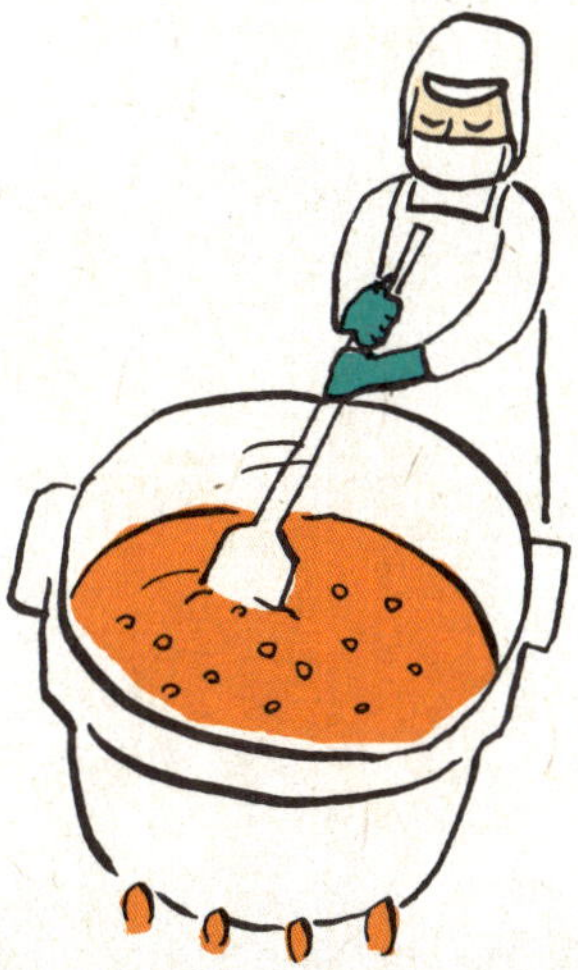

たべものをつくる仕事《しごと》

毎日《まいにち》の天気《てんき》を
気《き》にしているよ

野菜《やさい》やくだものをつくる

土《つち》をたがやして、種《たね》をまき、野《や》菜《さい》やくだものなどの作物《さくもつ》を育《そだ》てる仕事《しごと》。育《そだ》てる作物《さくもつ》は１種類《しゅるい》だけとはかぎらず、季節《きせつ》ごとに、いろいろな作物《さくもつ》を育《そだ》てる農家《のうか》の人《ひと》もいる。

調味料《ちょうみりょう》をつくる

日本《にほん》で昔《むかし》からつくられているしょうゆやみそ、酢《す》、塩《しお》など、料《りょう》理《り》に欠《か》かせない調味料《ちょうみりょう》は、それぞれの専門店《せんもんてん》でつくられる。代々伝《だいだいつた》わる方法《ほうほう》を守《まも》りつづけている店《みせ》もある。

動物《どうぶつ》を育《そだ》てる

牧場《ぼくじょう》では、牛《うし》やぶた、にわとりなど人《ひと》がたべるための動物《どうぶつ》が育《そだ》てられる。時期《じき》がきたら殺《ころ》され、解体職人《かいたいしょくにん》の手《て》で切《き》り分《わ》けられて、スーパーマーケットや肉屋《にくや》などで売《う》られる。

たべもの工場《こうじょう》でつくる

パン、ソーセージ、ジャム、ちくわなど、スーパーやコンビニなどのお店《みせ》にならぶたべものの多《おお》くが、工場《こうじょう》で機械《きかい》を使《つか》ってつくられている。いちどにたくさんのたべものがつくられる。

魚《さかな》をとる

船《ふね》に乗《の》り、網《あみ》やつりざおで魚《さかな》をとってくるのが漁師《りょうし》さん。養殖《ようしょく》と言《い》って、魚《さかな》や貝《かい》、海《かい》そうなどをたべるために大《おお》きく育《そだ》てることも。いずれも海岸《かいがん》の近《ちか》くにある魚市場《うおいちば》などで売《う》られる。

パンをたくさん
つくってます

たべものにかかわる仕事《しごと》

たべもののバイヤー

スーパーマーケットやデパートなどのお店《みせ》では、そのお店《みせ》で売《う》るとお客《きゃく》さんによろこんでもらえるようなたべものを、バイヤーが全国《ぜんこく》（ときには世界中《せかいじゅう》）から探《さが》し出《だ》す。

レストランの店員《てんいん》

レストランに来《き》たお客《きゃく》さんをテーブルに案内《あんない》して、注《ちゅう》文《もん》を聞《き》き、料理《りょうり》やのみものを運《はこ》ぶ。ときには料理《りょうり》の説明《せつめい》をしたり、相談《そうだん》にのったりすることも。

たべもの関係《かんけい》の役所《やくしょ》

市役所《しやくしょ》や保健所《ほけんじょ》などの役所《やくしょ》では、たべものを扱《あつか》うレストランやお店《みせ》のえいせい面《めん》をチェックしたり、その地域《ちいき》で有名《ゆうめい》なたべものの生産《せいさん》を助《たす》けたりする。

料理研究家《りょうりけんきゅうか》

料理《りょうり》のあたらしいつくりかたを研究《けんきゅう》し、本《ほん》やテレビなどを通《とお》して人《ひと》に伝《つた》える。料理《りょうり》が好《す》きなことや、たべものへの深《ふか》い知《ち》識《しき》が欠《か》かせない。

たべものの写真家《しゃしんか》

本《ほん》や雑誌《ざっし》、広告《こうこく》などにのるたべものの写真《しゃしん》をとる。写真《しゃしん》を見《み》ただけで「おいしそう！」と思《おも》ってもらうのは、プロならではのわざ。

栄養《えいよう》の専門家《せんもんか》

栄養面《えいようめん》に気《き》をくばりながら、たべる人《ひと》にあった料理《りょうり》を考《かんが》えたり、たべかたをアドバイスしたりするのが、栄養士《えいようし》や管理《かんり》栄養士《えいようし》。学校《がっこう》や病院《びょういん》、福祉《ふくし》施設《しせつ》などでかつやくする。

野菜《やさい》ソムリエ

野菜《やさい》やくだもののことをくわしく勉強《べんきょう》して、そのみりょくやおいしいたべかたを人《ひと》に伝《つた》える。

たべものを運《はこ》ぶ

農家《のうか》でとれた野菜《やさい》やくだもの、海《うみ》でとれた魚《さかな》、工場《こうじょう》でつくられたたべものなど、遠《とお》くのたべものをしんせんなうちに各地《かくち》に運《はこ》ぶ。

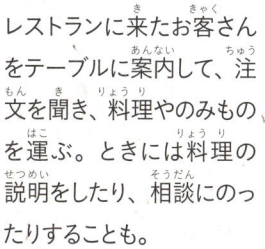

おわりに

松本仲子《まつもとなかこ》

この本《ほん》を読《よ》み終《お》えたとき、「たべる」ということには、思《おも》いがけないほど多《おお》くのことがかかわっていたことに、感心《かんしん》したのではないでしょうか。

たべものは生《い》きていくもとであり、健《けん》康《こう》を保《たも》つものというのは、だれにとっても同《おな》じことですが、どのようにたべるかはさまざまで、それが「たべる」ことを意味深《いみぶか》いものにしています。

たべものがまだじゅうぶんでなかったころ、食事《しょくじ》にまねかれると、「おなかいっぱいいただきました」とお礼《れい》を述《の》べていました。それが、生活《せいかつ》が豊《ゆた》かになると、いつしか「おいしくいただきました」と変《か》わってきました。このことは、じゅうぶんな食事《しょくじ》ができていることのしょうこで、ぜいたくなことと言《い》えるでしょう。「たべる」というのは、どのようなことなのでしょうか。

鎌倉時代《かまくらじだい》の道元禅師《どうげんぜんじ》というお坊《ぼう》さんが、食事《しょくじ》をいただくにあたって心《こころ》がけたいこととして示《しめ》された5つの教《おし》えに、その原《げん》点《てん》を見《み》ることができます。理解《りかい》しやすいように、原文《げんぶん》に少《すこ》し説明《せつめい》を加《くわ》えました。

ひとつには、目《め》の前《まえ》におかれたたべものが、ここに出《だ》されるまでに、どれほど多《おお》くの人《ひと》びとが手《て》をかけてきたかを思《おも》い浮《う》かべて感謝《かんしゃ》しましょう。

ふたつには、この食事《しょくじ》をいただくのに

ふさわしい生活《せいかつ》をしているかを反省《はんせい》しましょう。

人《ひと》はそれぞれに、するべきことがありますが、子《こ》どもならば、次《つぎ》の時代《じだい》をせおっていくことができるよう、勉強《べんきょう》にはげみ、運動《うんどう》でからだをきたえ、よく遊《あそ》ぶことでしょうか。

３つには、この食事《しょくじ》は空腹《くうふく》を満《み》たすだけでなく、正《ただ》しい心《こころ》を育《そだ》てるためであることを心《こころ》にきざみましょう。

おなかがすくと、自分《じぶん》がたべるものを探《さが》すことだけに気《き》がとられてしまいます。でも、たべものをたべておちつくと、ふと、人《ひと》のことを思《おも》うよゆうが生《う》まれていることに気《き》づいて、うれしく思《おも》うことがあります。

４つには、わたしたちが健康《けんこう》を保《たも》つために、動物《どうぶつ》や植物《しょくぶつ》のいのちをぎせいにしていることに感謝《かんしゃ》し、むだにすることなく、適量《てきりょう》をわきまえていただきましょう。

５つには、食事《しょくじ》とは、人《ひと》として成長《せいちょう》するための糧《かて》であり、たべることで得《え》られた力《ちから》は、世《よ》のために活《い》かすように努《つと》めましょう。

この教《おし》えに出合《であ》うまでは、なにも考《かんが》えることなくとっていた食事《しょくじ》が、じつはきびしく意義深《いぎぶか》いものであることに気《き》づかされました。

「いただきます」とたべものに感謝《かんしゃ》し、からだも心《こころ》も養《やしな》われることに、「ごちそうさまでした」の気持《きも》ちが、自然《しぜん》に生《う》まれてきます。

ところで、日本人《にほんじん》である現在《げんざい》のわたしたちがたべている食事《しょくじ》とは、どのようなものなのでしょうと、あらためて気《き》にかかってきます。

2013年《ねん》に、日本人《にほんじん》の食事《しょくじ》がユネスコの世界無形文化遺産《せかいむけいぶんかいさん》に登録《とうろく》されました。申請《しんせい》にあたって提案《ていあん》したのは、一《ひと》つひとつの料理《りょうり》をあげるのではなく、「日本人《にほんじん》の伝統的《でんとうてき》な食文化《しょくぶんか》」として、日本人《にほんじん》が営《いとな》んできた食事《しょくじ》の全体《ぜんたい》をさすというものでした。

四季《しき》のある日本《にほん》の自然《しぜん》がもたらす、いろいろな魚《さかな》や野菜《やさい》、それをみごとに美《うつく》しく料理《りょうり》するわざ、また、それをバランスよく利用《りよう》した健康的《けんこうてき》にものぞましい食事《しょくじ》であること。さらに自然《しぜん》や祖先《そせん》への感謝《かんしゃ》の気持《きも》ちやいのりをこめた行事《ぎょうじ》にちなむたべものを、みなでいただく伝統《でんとう》などが、すぐれた食事《しょくじ》と評価《ひょうか》されたのでした。

みそ汁《しる》は約《やく》600年《ねん》、卵焼《たまごや》きは約《やく》200年《ねん》たべつがれ、親《おや》から子《こ》へと、日《に》本《ほん》の味《あじ》がたしかに伝《つた》わっています。そして、ごはんと数々《かずかず》の和風《わふう》のおかずが、季《き》節《せつ》ごとの食卓《しょくたく》を豊《ゆた》かにし、世界一《せかいいち》の長寿《ちょうじゅ》国《こく》に導《みちび》くもとになっているのです。いまでは、日本人《にほんじん》がつちかってきた食事《しょくじ》が認《みと》められ、世界《せかい》に広《ひろ》がろうとしています。

1日《にち》3回《かい》の食事《しょくじ》におやつもふくめると、一生《いっしょう》のうちに何回《なんかい》、たべものを口《くち》にするでしょうか。

いつも、おいしくたべて満足《まんぞく》するのと、いやいやたべて不満《ふまん》に思《おも》うのでは、それぞれをつみ重《かさ》ねると、そのちがいはずいぶんと大《おお》きいでしょう。

手《て》あたりしだいになんでもというのではなく、安全《あんぜん》にととのえられた日々《ひび》のたべものをおいしくたべることは、からだを養《やしな》い、心《こころ》を育《そだ》てるうえで、とても大切《たいせつ》なことのように思《おも》います。

参《さん》考《こう》にした本《ほん》

おいしさの表現辞典　川端晶子・淵上匠子／編（東京堂出版）
きほんの献立練習帳　松本仲子（朝日新聞出版）
小泉武夫のミラクル食文化論　小泉武夫（亜紀書房）
食の文化を知る事典　岡田哲／編（東京堂出版）
食品の保存テク　徳江千代子／監修（朝日新聞出版）
食文化入門　石毛直道・鄭大聲／編（講談社）
世界の食べもの　石毛直道（講談社）
調理と食品の官能評価　松本仲子（建帛社）
日本食物史　江原絢子、石川尚子、東四柳祥子（吉川弘文館）
人間にとってスイカとは何か　池谷和信（臨川書店）
武士のメシ　永山久夫（宝島社）

おいしさの秘密《ひみつ》をさぐる 松本仲《まつもとなか》子《こ》（ポプラ社《しゃ》）

「たべもの」にかんする、子《こ》どものための本《ほん》

カラダにいいものを食《た》べよう マリリン・バーンズ／著《ちょ》、鶴田静《つるたしずか》／訳《やく》（晶文社《しょうぶんしゃ》）

からだのふしぎ（どんどんめくってはっけん）
ロウイー・ストーウェル／著《ちょ》、阿部和厚《あべかずひろ》／監修《かんしゅう》、山田美愛《やまだみのり》／訳《やく》（学研《がっけん》プラス）

こどもがつくるたのしいお料理《りょうり》（婦人之友社《ふじんのともしゃ》）

くらべてみよう！ 日本《にほん》と世《せ》界《かい》の食《た》べ物《もの》と文化《ぶんか》
朝倉敏夫《あさくらとしお》、阿良田麻里子《あらたまりこ》、守屋亜記子《もりやあきこ》／著《ちょ》、石毛直道《いしげなおみち》／監修《かんしゅう》（講談社《こうだんしゃ》）

保存食《ほぞんしょく》の絵本《えほん》3　米《こめ》・麦《むぎ》・豆《まめ》・いも（つくってあそぼう38） こしみずまさみ／編《へん》（農山漁村文化協会《のうさんぎょそんぶんかきょうかい》）

図鑑ピクチャーペディア10 ひとと食《た》べ物《もの》 江川多喜雄《えがわたきお》（ほるぷ出版《しゅっぱん》）

食《た》べているのは生《い》きものだ 森枝卓士《もりえだたかし》（福音館書店《ふくいんかんしょてん》）

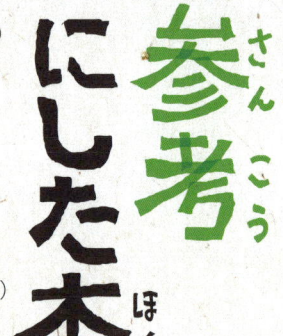

こどものための実用《じつよう》シリーズ

おいしくたべる

監修　松本仲子

編著　朝日新聞出版

発行者　橋田真琴

発行所　朝日新聞出版

〒104-8011 東京都中央区築地5-3-2
電話 (03)5541-8996 (編集)
(03)5540-7793 (販売)

印刷所　大日本印刷株式会社

Published in Japan by Asahi Shimbun Publications Inc.
ISBN　978-4-02-333152-5

〈監修〉

松本仲子（まつもと　なかこ）

1936年旧・京城（現ソウル）生まれ。福岡女子大学家政学部卒業。女子栄養大学大学院修士課程終了。聖徳大学大学院兼任講師。女子栄養大学名誉教授。医学博士。著書に『おいしさの秘密をさぐる』（ポプラ社）、『調理と食品の官能評価』（建帛社）、『家庭料理の底力』（朝日新聞出版）、『絶対に失配しない料理のコツ　おいしさの科学』（幻冬舎）、監修に『下ごしらえと調理のコツ便利帳』（成美堂出版）、『きほんの献立練習帳』、『調理科学のなぜ？』（朝日新聞出版）など多数。

〈スタッフ〉

装丁・レイアウト　矢萩多聞

挿絵　加藤休ミ（装画・クレヨン画）
得地直美（線画）
矢萩多聞（p.170）

企画・編集制作　友成響子（毬藻舎）

編集　森香織（朝日新聞出版　生活・文化編集部）

こどものための実用《じつよう》シリーズ

子《こ》どもがわくわくした気持《きも》ちで毎日《まいにち》を生《い》きる。そのために、子《こ》どもたちにとって、ほんとうに必要《ひつよう》なのはどんな知識《ちしき》だろう？

子《こ》ども時代《じだい》は、大人《おとな》になる修行《しゅぎょう》やガマンのための期間《きかん》ではない。子《こ》どもにも大人《おとな》と同《おな》じように、「いま」をいきいきと豊《ゆた》かに生《い》きてほしい。

子《こ》どものうちから、こんなことを知《し》りたかった、考《かんが》えておきたかった、ためしてみたかった──。学校《がっこう》のルールや枠組《わくぐ》みから少《すこ》しはなれた視点《してん》から、「子《こ》どものくらし」にまつわる実用情報《じつようじょうほう》を集《あつ》めたのが本《ほん》シリーズ。

子《こ》どもも大人《おとな》も、みんなでたのしく読《よ》んでください。

ラップ
チョコ